Jürgen Diestelmann

Luther oder Melanchthon?

Jürgen Diestelmann

Luther oder Melanchthon?

Der Bruch einer historischen Freundschaft und die Folgen für die heutige Ökumene und das Reformationsgedenken 2017

Bibliografische Information der Deutschen Nationalbibliothek
Die Deutsche Nationalbibliothek verzeichnet diese Publikation in der
Deutschen Nationalbibliografie; detaillierte bibliografische Daten
sind im Internet über http://dnb.d-nb.de abrufbar.

Jürgen Diestelmann
Luther oder Melanchthon?
Der Bruch einer historischen Freundschaft und die Folgen für die
heutige Ökumene und das Reformationsgedenken 2017

Umschlagbild: Martin Luther und Philipp Melanchthon
Gemälde am Chorgestühl der Brüdernkirche Braunschweig
Foto: Adalbert Wolf, Braunschweig

Berlin: Pro BUSINESS 2014

ISBN 978-3-86386-690-7

1. Auflage 2014

© 2014 by Pro BUSINESS GmbH
Schwedenstraße 14, 13357 Berlin
Alle Rechte vorbehalten.
Produktion und Herstellung: Pro BUSINESS GmbH
Gedruckt auf alterungsbeständigem Papier
Printed in Germany
www.book-on-demand.de

Luther oder Melanchthon?

Der Bruch einer historischen Freundschaft und die Folgen für die heutige Ökumene und das Reformationsgedenken 2017

Gewidmet dem unermüdlichen Mahner des Luthertums

Prof. Dr. Hermann Sasse

* 17. Juli 1895

+ 9. August 1976

•

„Die lutherische Lehre von der Konsekration setzt voraus, daß jedes Abendmahl ein unergründliches Wunder ist, wie ja auch das erste Abendmahl nicht wie die Reformierte Kirche meint, eine Gleichnishandlung war, sondern ein Wunder. Jedes Abendmahl, das wir feiern, ist ein Wunder, nicht geringer als die Wunder, die Jesus in seinen Erdentagen getan hat. Dasselbe gilt, wenn auch in anderer Weise, von der Taufe. ...“

H. Sasse „Corpus Christi“, S. 144.

Vorwort

Schon vor fast sechs Jahrzehnten, bald nach Beendigung meines Theologiestudiums, begann ich, mich mit dem Thema „Das Altarsakrament bei Luther" zu beschäftigen. 1960 erschien im Lutherischen Verlagshaus Berlin meine Studie „Konsekration", die ein unerwartetes internationales Echo fand. Als dann 1965 **Professor Dr. Hermann Sasse** auf seiner Deutschlandreise war, konnte ich ihm von dem damaligen Stand meiner Studien berichten. Er zeigte sich darüber hocherfreut und ermutigte mich, darin fortzufahren. Soweit es mir meine berufliche Tätigkeit als Pfarrer erlaubte, trug ich dann jahrzehntelang vielerlei Belege und Quellenauszüge zusammen, um diese dann nach Eintritt in den Ruhestand in den beiden Veröffentlichungen *„Actio Saramentalis ..."* und *„Usus und Actio ..."* vorzustellen.

Im Blick auf das bevorstehende Reformationsgedenken 2017 wende ich mich noch einmal dieser Thematik zu, da mir vor Augen steht, daß die Ereignisse der letzten Lebensjahre Luthers, die schließlich zur Entzweiung der beiden großen Reformatoren führten, eine besondere Brisanz in sich tragen. Daß diese historische Verbindung am Sakramentsverständnis zerbrach, muß als tragisch bezeichnet werden; zeigt dieser Bruch doch, daß die beiden Reformatoren für die Reformation der Kirche ganz verschiedene Zielvorstellungen hatten. Nach meiner Überzeugung sind die Folgen aus dieser Divergenz so schwerwiegend, daß man sich bis heute fragen muß: **Wem folgt man in der Kirche heute mehr: Luther oder Melanchthon?**

Für die Mithilfe bei der Korrektur danke ich meiner Tochter Susanne Diestelmann-Gantert.

Im März 2014   *Jürgen Diestelmann*

Einleitung

Luther und Melanchthon - Man kann es als einen besonderen Glücksfall der Geschichte bezeichnen, daß diese beiden Männer 1518 zusammentrafen[1]. Ihr gemeinsames Wirken als Reformatoren läßt sie als ein unzertrennliches Gespann erscheinen. Trotz sehr verschiedener Charaktere haben sie – der vom Mönch zum Reformator gewordene Martin Luther und der gelehrte Humanist Philipp Melanchthon – jahrzehntelang gemeinsam gewirkt und die Wittenberger Reformation geprägt. Es lag aber doch ein Schatten über ihrem Verhältnis zueinander, den Melanchthon vor Luther lange zu verbergen wußte, der aber schließlich doch zum Bruch führte.

Ursprünglich war das Verhältnis zwischen den beiden Reformatoren sogar so eng und freundschaftlich gewesen, daß Melanchthon in der frühen Zeit äußerte: *"Ich würde lieber sterben als von diesem Manne getrennt zu sein"*. Auch Luther war ganz hingerissen, als Melanchthon 1518 in Wittenberg seine berühmte Antrittsvorlesung gehalten hatte. Der Ausdruck „Verliebtheit", der für das anfängliche Verhältnis beider benutzt wurde[2], erscheint mir jedoch unangemessen. Man kann bei beiden nach dem ersten Kennenlernen eher von einer großen Begeisterung für den jeweils anderen sprechen, der dann lebenslang anhaltendem gegenseitigem Respekt wich: Bei Melanchthon der Respekt des humanistischen Gelehrten vor dem 14 Jahre älteren zum Reformator gewordenen Priestermönch und bei Luther der Respekt vor der großen Gelehrsamkeit und dem diplomatischen Geschick des humanistischen Kollegen. Diesen wechselseitigen Respekt bewahrten sie sich lebenslang, auch in Zeiten, in denen ihr Verhältnis zueinander belastet war. Konnte doch Melanchthon nach Luthers Tod seine Position neben Luther so beschreiben: *«Ich ertrug ... eine fast entehrende Knechtschaft, da Luther oft mehr seinem Temperament folgte, in welchem eine nicht geringe philoneikia[3] lag, als auf sein Ansehen und auf das Gemeinwohl achtete.»*[4]

Obwohl - wie ich mit der Thematik der nachfolgenden Studie zeigen werde - die Ursache für die Entzweiung der beiden großen Reformatoren in Melanchthons Verhalten lag, möchte ich jedoch kein einseitig-negatives Bild von Melanchthon zeichnen. Hat er doch auf vielen theologischen und kirchenpolitischen Feldern mit Luther die gemeinsame Sache getreu und mit großem diplomatischem Geschick vertreten - dies zeigt vor allem die Confessio Augustana (1530)[5]. Zwar gab es im Laufe der Jahre auch Meinungsverschiedenheiten zwischen beiden. Dennoch blieb ihr Verhältnis zueinander meist harmonisch. Aber an dem einem, sehr entscheidenden Punkte, dem Sakramentsverständnis, entfremdete sich Melanchthon immer weiter von Luther.[6]

Schon früh hatten sich bei Melanchthon Bedenken eingestellt, Luthers Sakramentsverständnis voll zu bejahen. Er wußte seine Zweifel jedoch lange – besonders vor Luther selbst - geschickt zu verbergen, bis dann die Ereignisse in den letzten Lebensjahren Luthers doch zum Bruch der Freundschaft der beiden Reformatoren führten. Bei aller sonst gegebenen Übereinstimmung offenbarten sich dabei sehr unterschiedliche reformatorische Zielvorstellungen.

Die daraus resultierenden Folgerungen belasten die Kirche bis heute.

Jürgen Diestelmann

3

Kapitel 1.

Die Vorgeschichte

a. Was Luther beim Altarsakrament persönlich am Herzen lag

Vorbemerkung: Weil die Freundschaft der beiden Reformatoren am Abendmahlsverständnis zerbrach, sei im folgenden kurz umrissen, was Luther beim Altarsakrament *persönlich* am Herzen lag, weil vor diesem Hintergrund besonders verständlich wird, was dieser Bruch für ihn bedeutete. Ansonsten ist Luthers Abendmahlslehre und -theologie in der einschlägigen Fachliteratur ausführlich behandelt.[7]

Was ein jeder Christ vom Altarsakrament wissen und schon im Kindesalter lernen soll, hat Martin Luther im 5. Hauptstück des Kleinen Katechismus klassisch zusammengefaßt: *„Was ist das Sakrament des Altars? Es ist der wahre Leib und Blut unsers Herrn Jesus Christus, unter dem Brot und Wein uns Christen zu essen und zu trinken von Christus selbst eingesetzt."* Diese Worte geben zugleich das Herzstück seines eigenen Glaubens wieder. Dabei muß man im Auge haben, daß das Altarsakrament für ihn und sein persönliches theologisches Denken eine zentrale Bedeutung hatte. *„Für Luther stand das Abendmahl immer im Mittelpunkt, es ist für ihn der Punkt der gnädigen Zuwendung Gottes zu den Menschen."*[8], schreibt Bernhard Lohse: Wie sehr er vom sakramentalen Glauben und Denken

Titelblatt einer Schrift D. Martin Luthers

4

erfüllt war, bezeugen vor allem seine zahlreichen Abendmahlsschriften, von denen hier - stellvertretend für alle anderen - zu nennen sind: *„Vom Abendmahl Christi"*, 1528: *„Kurzes Bekenntnis D. Martin Luthers vom heiligen Sakrament"*, 1544; *„Daß diese Worte Christi 'Das ist mein Leib' noch fest stehen, wider die Schwarmgeister"*, 1526.

Daß Christus in dem gesegneten (konsekrierten) Brot und Wein mit seinem wahren Leib und Blut gegenwärtig ist, hat Luther immer wieder bezeugt. Dies stand für ihn in engem Zusammenhang mit dem Rechtfertigungsglauben, so wie es in der Confessio Augustana V heißt: *„Um diesen [sc. den rechtfertigenden] Glauben zu erlangen, hat Gott das Predigtamt eingesetzt, das Evangelium und die Sakramente gegeben, durch die er - als durch Mittel - den Heiligen Geist gibt, der den Glauben, wo und wann er will, in denen, die das Evangelium hören, wirkt ... "*

Schon bevor Luther zum Reformator wurde, nämlich bei seiner Primiz (der ersten Feier der hl. Messe nach der Priesterweihe) am 2.Mai 1507, hatte er ein Erlebnis, das für ihn bleibende Bedeutung behalten sollte. Nach seinen eigenen späteren Erinnerungen glich es fast einem krisenhaften Zusammenbruch. Berufen zur Würde des priesterlichen Dienstes fürchtete er als erbärmlicher Sünder, nicht fehlerfrei zelebrieren zu können. Die Anwesenheit des strengen, noch immer nicht versöhnten Vaters kann die Erregung nur noch gesteigert haben.

Zur Krise kam es dann während des eucharistischen Hochgebets bei den Worten *"Dich, allergütigster Vater, bitten wir inständig durch Deinen Sohn Jesus Christus ..."* Es ängstigte ihn, unmittelbar und ohne Mittler mit der Majestät Gottes reden zu müssen. Auch fürchtete er, irgendein Wort auszulassen, was als schwere Sünde angesehen wurde, oder sich gegen eine der für die Zelebration der Messe festgelegten Vorschriften zu vergehen. Nach seiner eigenen Erinnerung wollte er vom Altar wegstürzen, was auch geschehen wäre, hätte ihn der assistierende Priester nicht zurückgehalten.

Dieses Erlebnis Luthers zeigt bereits wesentliche Elemente seiner lebenslang bewahrten Sakramentsfrömmigkeit: 1. seine heilige Furcht vor der Gegenwart Gottes, 2. seine Gewissenhaftigkeit, die heilige Handlung recht zu vollziehen und 3. sein Empfinden für die Verpflichtung zu gläubiger Annahme. Darin ist er sich bis ans Lebensende treu geblieben.

Einige Jahre später, als Karlstadt in Wittenberg (während Luthers Wartburgaufenthalt) mit überstürzten und völlig überzogenen Maßnahmen die Messe zu reformieren begann, mußte Luther einschreiten, denn Karlstadt hatte sogar die Konsekrationskraft der Worte Christi bestritten. Luther schrieb damals: *„D. Karlstadt weiß, das wir über dem Brot und Wein nicht blasen noch zischen, sondern die göttlichen, allmächtigen, himmlischen, heiligen Worte sprechen, die Christus im Abendmahl mit seinem heiligen Munde selbst sprach und zu sprechen befahl ...".[9]* Er nannte das Sprechen dieser Worte die *„potissima et principalis actio in Sacramento"[10]* Lebenslang hat Luther sich gegen mancherlei andersartige Anschauungen gewendet Es stand für ihn unumstößlich fest: *„... sobald Christus spricht: 'das ist mein Leib', so ist sein Leib da durchs Wort und Kraft des heiligen Geistes. Wenn das Wort nicht da ist, so ist es gewöhnliches Brot; aber so die Worte dazukommen, bringen sie das mit, davon sie sprechen."[11]*

In seinem Bekenntnis *"Vom Abendmahl Christi"* schrieb Luther 1528: *"Darum ist es allerdings recht geredet, daß man aufs Brot zeigt und sagt: «Das ist Christi Leib» und wer das Brot sieht, der sieht den Leib Christi, gleich wie Johannes spricht, das er den heiligen Geist sah, da er die Taube sah, wie gehört ist. Also fortan ist's recht geredet: Wer dies Brot anfaßt, der faßt Christi Leib an, Und wer dies Brot ißt, der ißt Christi Leib, wer dies Brot mit den Zähnen oder der Zunge zerdrückt, der zerdrückt mit den Zähnen oder der Zunge den Leib Christi, Und bleibt doch allewege wahr, das niemand Christi Leib so sieht, greift, ißt, oder zerbeißt, wie man sichtbar anderes Fleisch sieht und zerbeißt, Denn was man dem Brot tut, wird recht und wohl dem Leibe Christi zu geeignet um der sakramentlichen Einigkeit willen."[12]*

„An den einfachen Glauben des Kirchenvolkes, an das Wunder der

Messe appelliert Luther und freut sich ungeteilt an dessen Einfalt, die von den gelehrten Distinktionen nur verstehen konnte, daß das, was sichtbar ist, Brot ist, und das, was unsichtbar ist , der unter der Brotgestalt ruhende, anbetungswürdige Christus ist."[13] schreibt Tom G.A. Hardt.

Luthers Worte 1529 in Marburg gegenüber Zwingli *„Ihr habt einen anderen Geist als wir!"* wurden ihm als Ausdruck von Starrköpfigkeit oder Rechthaberei zugerechnet. Tatsächlich aber sind sie Ausdruck dafür, daß nicht nur sein eigener persönlicher Glaube daran hing, daß Christus mit seinem Leib und Blut wahrhaftig im gesegneten Brot und Wein des Altarsakramentes gegenwärtig ist, sondern auch, daß seiner Überzeugung nach derjenige, der die sakramentale Gegenwart des Leibes und Blutes Christi leugnet, nicht in der Kraft des Heiligen Geistes redet.[14] Jede Abschwächung dieser Glaubensaussage wies er zurück, weil sie Christi eigenen Worten widerspricht. Darum nannte er alle - nicht nur die Anhänger Zwinglis -, die die Realpräsenz in Frage stellten, pauschal „Zwinglianer".[15] Pfarrer, die sich bei der Verwaltung des Altarsakramentes im Umgang mit dem Allerheiligsten nachlässig oder gar böswillig verhielten, wurden streng zur Rechenschaft gefordert.[16]

„Dies [konsekrierte] Brot ist der Leib Christi" - sagte Luther [17] und erwartete von jedem Pfarrer und Seelsorger, daß er seinen Gemeindegliedern in aller Klarheit bezeugt, daß dies von dem gilt, *„was Hand und Mund hier fasset".*[18] Darum ist es für ihn auch selbstverständlich, daß man am Altar klar zwischen den konsekrierten und unkonsekrierten Abendmahlselementen unterscheidet und das Allerheiligste mit *„höchster Reverenz"* behandelt. Auch ist die „Adoration" (Anbetung) Christi im Altarsakrament für Luther selbstverständlich: Er schrieb: *„Wenn ich wie der heilige Täufer Christi den Heiligen Geist in der Taubengestalt vom Himmel herab fahren sähe, so wollte ich auf meine Kniee fallen, meine Hände aufheben und sprechen: 'Heiliger Geist, sei mir gnädig'. Sollte ich denn das bei dem Hl. Sakrament, wo Christus gegenwärtig ist, nicht auch tun?"*[19] Wie insbesondere die beiden Fälle des Pfarrers Wolferinus und des

Kaplans Besserer zeigen, duldete Luther keinen unehrerbietigen Umgang mit dem Sakrament.[20]

Nach Luthers Vorbild war darum auch im alten Luthertum ganz selbstverständlich, das Sakrament *„mit allerhöchster Reverenz"* zu verwalten. Der Pfarrer diente mit größter Sorgfalt und Ehrfurcht am Altar und auch die Gemeinde beugte vor dem Sakrament die Knie und empfing das Sakrament mit Andacht und Anbetung. An manchen Orten ist noch heute altes Kirchengerät aus dem Reformationsjahrhundert erhalten, das auf seine Weise die Ehrfurcht vor dem Allerheiligsten bezeugt, die damals selbstverständlich war, vor allem Meßgewänder, Alben und Stolen. Im Domschatz von Merseburg wird noch heute eine Kasel aufbewahrt, die Martin Luther getragen haben soll. Auch erhaltene, bestickte Tücher, die von Altarhelfern untergehalten wurden, um etwa versehentlich heruntergefallene Hostien bzw. Heruntertropfendes aus dem Kelch aufzufangen, ebenso Weihrauchfässer. Bilder bzw. Gemälde aus dieser Zeit spiegeln wider, daß über der lutherischen Messe die Faszination lag, die dem Realpräsenzglauben Luthers entsprach.

Für Luther war nicht der „schlichte Predigtgottesdienst" das Ideal des Gottesdienstes, sondern die mit viel Musik und Zeremonien ausgestattete Messe, in der das Evangelium gepredigt wurde. Der Komponist Sixtus Dietrich, der nach 1540 mehrfach in Wittenberg weilte, bestätigte dies, denn er berichtet über die Gottesdienste in Wittenberg: *„D.Martin Luther hat eine sonderlich große Liebe zu der Musik, mit dem ich viel und oft gesungen. Ganz zu schweigen von den Zeremonien, die noch erhalten geblieben sind und ehrlich beim Gottesdienst bewahrt werden. Zu allen Festen singt man eitel herrlich Amt in Figuris: Introitus, Kyrie, Et in terra, Pacem, Alleluja, Sanctus, Agnus und Communio wie von Alters her. So daß bis jetzt kaum etwas geändert ist. ... Summa: Ich wollte, daß es in allen Landen so zuginge. Dann würde es um die Welt besser stehen."*

Kurz vor seinem Tode, bei seiner letzten Reise nach Eisleben, hat Luther in Halle/Saale wegen des Hochwassers der Saale Station machen müssen und dort während dieser Zeit eine Messe gehalten. Da er durch Alter und Krankheit schon recht gebrechlich war, passierte es ihm, daß etwas aus dem Kelch herunter tropfte. Angetan mit den Meßgewändern kniete der alte Mann erschrocken nieder und sog das Verschüttete vom Teppich auf, damit nur ja nichts vom heiligen Blut Christi mit Füßen getreten werde. Die ganze Gemeinde habe dies – so wird berichtet - mit großem Weinen und Schluchzen beobachtet.[21]

Theologisch stand Luther mit seinem Realpräsenzglauben – im Gegensatz zu Melanchthon und anderen Reformatoren – der päpstlichen Seite durchaus nahe, denn er konnte, obwohl er die Transsubstantiation *als Lehre* ablehnte, sagen: *„Es bleibe Wein da oder nicht, mir ist genug, daß Christus Blut da sei; es gehe dem Wein, wie Gott will. Und ehe ich mit den Schwärmern wollt eitel Wein haben, so wollt ich ehe mit dem Papst eitel Blut halten."*[22] Dies konnte Luther trotz seines Gegensatzes zum damaligen Papsttum sagen.

Weitere Zeugnisse des Realpräsenzglaubens Luthers ließen sich beibringen, jedoch mag das vorstehend Geschilderte genügen, um den Hintergrund zu verstehen, vor dem das Ende der Freundschaft zwischen Luther und Melanchthon zu sehen ist.

Nicht Erlebnisse besonderer Art haben Luther von der wirklichen Gegenwart des Leibes und Blutes Christi im Sakrament überzeugt. ... Auch Luther hat besondere Erlebnisse gehabt [wie Zwingli]. Näheres wissen wir nicht, aber vielleicht ist das Erlebnis bei seiner ersten Messe, als er überwältigt vom Wunder des Sakraments, bei dem „Te igitur" stecken blieb, das erste dieser Art gewesen. Aber was ihn überzeugte, waren niemals subjektive Erlebnisse, sondern allein das objektive Wort Gottes. In seinen schweren Anfechtungen, die ihn immer wieder überfielen, scheint dies die schwerste gewesen zu sein, der Zweifel an seiner Sendung: *„Bist du allein klug? Sollten die anderen alle irren und so eine lange Zeit geirrt haben? Wie wenn du irrest und soviele Leute in Irrtum verführest, welche alle ewiglich verdammt würden? So lange, bis mich Christus mit seinem einigen gewissen Wort befestiget und bestätigt hat, daß mein Herz nicht mehr zappelt ...."* (in „Vom Mißbrauch der Messe").

Hermann Sasse, Corpus Christi, S.41

b. Wie sich Melanchthons Entfremdung von Luther anbahnte.

Wilhelm Neuser schreibt in seinen Ausführungen über das Miteinander von Luther und Melanchthon: „*Seit langem bewegt die Reformationsforschung die Frage, wie es möglich war, daß Luther und Melanchthon in den fast drei Jahrzehnten ihres Zusammenlebens und gemeinsamen Wirkens in Wittenberg trotz ihrer offensichtlichen theologischen Gegensätze immer die Einheit bewahrt haben. Hat Luther den Gegensatz nicht in seiner Tiefe erkannt oder hat er ihn, zum Schaden für die Einheit des lutherischen Protestantismus* großzügig übersehen? Oder beruht die Einheit auf Melanchthons Friedfertigkeit und einem Verschweigen der Gegensätze, das heißt also auf einer gewissen Unaufrichtigkeit seinerseits? Oder waren die Gegensätze nebensächlicher Art und fielen, aufs Ganze gesehen, nicht ins Gewicht?*" [23]*

Zur Beantwortung dieser Fragen trug Neuser zahlreiche Fakten und Beobachtungen zum gemeinsamen Wirken der beiden Reformatoren zusammen. Dabei hat er freilich – wie weithin die bisherige Lutherforschung überhaupt – die Bedeutung der Tatsache übersehen, daß Luther durch die Ereignisse der Jahre 1543/44 den grundlegenden Dissens in der Sakramentstheologie entdeckte, den Melanchthon bis dahin stets vor ihm zu verbergen gewußt hatte. Dies führte zur Entzweiung der beiden Reformatoren.

Bild: Melanchthon in seinen letzten Lebensjahren. (Cranach)

In der ersten Zeit des Zusammenwirkens mit Luther hatte Melanchthon noch ganz mit Luther in der Abendmahlsauffassung übereingestimmt, sodaß Wilhelm Neuser im Hinblick auf Melanchthons Haltung während der Jahre 1525 bis Mitte 1526 von einer *„unkritischen Rezeption der lutherischen Abendmahlslehre"* spricht. Die Einwände der Gegner, *„daß das Gegenwärtigwerden des Leibes und Blutes Christi durch die Konsekrationsworte des Priesters Brot und Wein wider alle Schrift und Vernunft sei"*, hätten dann jedoch auf ihn Eindruck gemacht. Das Problem der Konsekration habe ihn damals stark beschäftigt, nicht zuletzt durch den Einfluß von Oekolompad. Schon am 4. Januar 1528 hatte er an Balthasar Thuring geschrieben: *„In der Abendmahlssache nehme ich schon längere Zeit Anstoß an der Konsekration - wie man sie nennt. Auch Oekolompad drängt heftig (mit der Frage): Wie kann es geschehen, daß Christus aus dem Himmel gerufen wird? Geschieht dies durch die Verdienste oder Gebete des Priesters oder des Volkes oder – wie gewisse Leute lehren - kraft der [Einsetzungs]worte)?"* Es kann kein Zweifel bestehen, daß Melanchthon mit den *„gewissen Leuten"* Martin Luther gemeint hat. Schon seit dieser Zeit hegte Melanchthon also Zweifel an der Konsekrationsauffassung Luthers. In der Confessio Augustana von 1530 („Invariata") ist die Abendmahlslehre jedoch ganz im Sinne Luthers formuliert, im Gegensatz zur Confessio Augustana von 1540 („Variata").

Der Dissens aber war – freilich ohne, daß Melanchthon dies Luther wissen lies – auch schon anläßlich des Marburger Gesprächs (1529) vorhanden. Am Tag vor Beginn der offiziellen Verhandlungen fand ein Gespräch zwischen ihm und Zwingli statt, bei dem er sich durchaus von dessen Argumentation beeindrucken ließ. Carl Schmidt schreibt dazu: *„Melanchthon schien zwar zu einer Annäherung die Hand zu bieten, indem er erklärte, daß wir Leib und Blut Christi geistig genießen, indem wir an ihn, der sich für uns geopfert hat, glauben; daß die bekannten Stellen im sechsten Kapitel des Evangeliums Johannis sich auf leiblichen Genuß beziehen und denselben als unnütz darstellen, daß die Lutherischen nicht der Meinung sind, der Leib werde auf sinnliche Weise in den Mund genommen, sondern daß*

sie lehren, er werde zwar wahrhaft, aber auf verborgene Weise emp-
fangen. Merkwürdig! Zum ersten Mal sprach hier Melanchthon von *
einer geheimnisvollen, sakramentlichen Verbindung und einem
nicht-sinnlichen Genießen. Das war schon nicht mehr buchstäblich
die Lehre Luthers; er zweifelte aber um so weniger, daß Luther diese
geistige Deutung zugeben würde.[24] Offenbar hat sich Melanchthon
schon zu dieser Zeit der Anschauung genähert, die er später gegenüber Wolferinus vertrat.[25] Auffällig ist in diesem Zusammenhang
auch, daß Melanchthon bei den am folgenden Tage beginnenden
Marburger Verhandlungen, in dessen Verlauf Luther die Worte sprach
„Ihr habt einen andern Geist als wir", wenig Anteil nahm.

1531 ließ sich Melanchthon hinsichtlich seiner Stellung zu Luthers
Abendmahlslehre auch von den Brüdern Thomas und Ambrosius
Blaurer beeinflussen: „ *... nur auf den nachhaltigen Eindruck, den*
dessen [sc. Oekolampads] Darlegungen auf Melanchthon gemacht
haben, wird man es zurückführen können, daß dieser schon im fol-
genden Jahre 1531 Thomas Blaurer oder dessen Bruder Ambrosius
heimlich anzustiften versuchte, Luther wegen seiner Ansicht über die
leibliche Gegenwart Christi Abendmahl zu interpellieren, an der Me-
lanchthon also schon damals irre gewesen sein muß. Wie stets, wenn
Melanchthon solche wenig aufrichtige Praktiken gegen Luther
unternahm, bediente er sich dabei der griechischen Sprache, und er
bat überdies, seinen Namen zu verschweigen. Von sachlicher
Bedeutung aber ist es, daß sich Melanchthon bereits 1531 so weit
von Luthers Abendmahlslehre entfernt hatte, um gegen sie
intrigieren zu können."[26]

Gottfried W. Locher meint: „*Ob Melanchthon bei der Wandlung sei-*
ner Abendmahlslehre seit 1530 von Zwingli beeinflußt war, ist
schwer auszumachen. Jedenfalls berühren sich seine Argumente ge-
gen die Ubiquitisten zum Teil mit den zwinglischen. ..." Auch bei den
Verhandlungen zu den Schmalkaldischen Artikeln intrigierte Melanchthon in diesem Sinne hinter Luthers Rücken.[27]

Aus politischen Gründen war eine Einigung mit den oberdeutschen
und Schweizer Reformatoren wünschenswert. Luther lehnte es je-

doch ab, einen Kompromiß auf Kosten der Wahrheit zu schließen. Voraussetzung für eine gemeinsame Haltung wäre für ihn gewesen, daß die Leugner der Realpräsenz ihren Irrtum einsehen und widerrufen würden. Für das Treffen Melanchthons mit Butzer, das die Konkordienverhandlungen[28] in die Wege leiten sollte (am 27./28. Dezember 1534 in Kassel), gab Luther darum Melanchthon eine sieben Punkte umfassende Instruktion („Bedenken"[29]) mit auf den Weg. Damit war Melanchthon auf Luthers Auffassung festgelegt. Da er jedoch mit dieser nicht mehr übereinstimmte, geriet er in ein Dilemma. Er beschrieb dies später mit den Worten, er habe sich bei der Kasseler Zusammenkunft als Botschafter einer Überzeugung, die er selbst nicht teile *(„nuntius alienae sententiae")* gefühlt. *„Das klingt etwas merkwürdig, nachdem er die selbst erbetene Instruktion akzeptiert"* habe, schreibt Brecht.[30] Merkwürdig erscheint dies jedoch nur, wenn man Melanchthons wachsende Distanzierung von Luthers Abendmahlslehre übersieht. Aber dennoch beteuerte Melanchthon feierlich, Luthers Stellung korrekt wiedergegeben zu haben, obwohl er sich darüber bewußt gewesen war, daß die Übereinstimmung zwischen ihm und Luther sachlich nicht mehr bestand. Er wagte es nicht, dies Luther einzugestehen.

Die in Kassel zustande gekommene Verständigung zwischen Melanchthon und Butzer bedeutete dann darum faktisch einen Kompromiß von der Art, wie Luther ihn mit seinem Bedenken ausdrücklich hatte ausschließen wollen. Hatte doch Luther ausdrücklich betont, es könne in der Frage der Realpräsenz keine „Mittelmeinung", d. h. keinen Kompromiß geben. Trotz dieser Zweideutigkeit verstand es Melanchthon Luther zu überzeugen, daß darin die Realpräsenz in dessen Sinne wiedergegeben sei.

Luther selbst vertraute Melanchthon und ahnte nichts von der Sinnesänderung des Freundes. Noch 1543 konnte er deswegen beteuern, Melanchthon stimme mit ihm überein.[31]

1540 änderte Melanchthon den ursprünglichen Text der Confessio Augustana von 1530, obwohl dieser doch ein offizielles Dokument war, das dem Augsburger Reichstag vorgelegen hatte. Deren unveränderter Text („Invariata") hatte in Artikel X gelautet: *„Es wird gelehrt, daß Leib und Blut des Herrn im Mahl des Herrn wahrhaftig gegenwärtig sind und den Kommunikanten ausgeteilt werden. Anderslehrende werden verworfen."[32]* In der 1540 geänderten Fassung („Variata") lautete dieser nun: *„Es wird gelehrt, daß mit dem Brot und Wein Leib und Blut des Herrn im Mahl des Herrn wahrhaftig ausgeteilt werden."* Die Verschiedenheit des Wortlautes spiegelt die unterschiedliche Bewertung der sakramentalen Handlung durch Luther und Melanchthon wider. Denn indem Melanchthon die Worte *„wahrhaftig gegenwärtig sind"* ausließ und nur noch vom *„ausgeteilt werden"* des Leibes und Blutes Christi an die Kommunikanten sprach, ließ er gerade die Konsekration durch die verba Christi, die für Luther von so großer Gewichtigkeit war, fallen. Carl Schmidt schreibt: *„Ohne Zweifel machte er diese Änderung, um Calvin entgegenzukommen, mit dem er sich 1539 zu Frankfurt über das Abendmahl unterhalten hatte, und zwar auf eine Weise, welche Calvin zu sagen berechtigte, sie stimmten Beide mit einander überein."[33]* Rocholl urteilt: *„Seine [Melanchthons] Kunst war, daß nun die Anhänger der calvinischen Theorie ebenso gut und ebenso ungehindert die Gegenwart mit und bei dem Brote, als die Lutherischen die Gegenwart unter dem Brot bezeichnen konnten."[34]*

Für die Verhandlungen und Gespräche, die Melanchthon als Vertreter der Wittenberger Reformation mit der papsttreuen Gegenseite zu führen hatte, hatte er die sog. „Nihi-habet-Regel" definiert. Diese lautete: *„Nichts hat sakramentale Bedeutung außerhalb des von Christus eingesetzten Gebrauchs".[35]* Mit ihr sollte die Frage beantwortet werden, wann es sich um ein gültiges Sakraments handele: Sie richtete sich gegen Gebräuche, die nicht der Einsetzung Christi entsprachen, z.B. das Mitführen des Sakraments bei Prozessionen u.a..

Diese „Nihil-habet-Regel" war für Melanchthon bei zahlreichen Gelegenheiten ein wichtiges Argument, insbesondere gegenüber Johann Eck. Daß dieser, der 1519 bei Leipziger Disputation über Martin Luther triumphiert hatte[36], beim Regensburger Religionsgespräch (1541) gegen die Stichhaltigkeit der „Nihil-habet-Regel" nichts habe vorbringen können, machte Melanchthon besonders stolz. Er berichtete, Eck sei darüber erkrankt, habe sich betrunken und sei danach gestorben.[37]

Im Gegensatz zu Melanchthon hat Luther diese Regel nur selten verwendet. Vor allem hat er auch bei den Konkordienverhandlungen 1536 nicht der Meinung zugestimmt, daß die Realpräsenz nur im Empfang gegeben sei, sondern betont, diese sei auch schon in der Hand des Priesters gegeben. Luther verlangte darüber eindeutige Aussagen. Dies wird insbesondere an dem Sendschreiben deutlich, das er 1533 an den „*Rat und Gemeinde der Stadt Frankfurt am Main*"[38] richtete. Den Gläubigen, die von ihrem Pfarrer im Unklaren gelassen werden, was sie im Sakrament empfangen, rät er, bei diesem auf eine klare Auskunft über ihren Sakramentsglauben zu drängen: *"So gehe oder sende frei zu ihm und laß dir deutlich heraus sagen, Was das sei, das er dir mit seinen Händen reicht und du mit deinem Munde empfängst, hintan gesetzt auf das mal, was man im Herzen glaube oder nicht glaube, schlicht gefragt, was Hand und Mund hier fasset...".*

Der Mangel der „Nihil-habet-Regel" besteht darin, daß sie nur negativ formuliert ist. Im Gegensatz dazu sind die zahlreichen Negativ-Formulierungen des Luthertums (wie z. B. die Damnationen in der Konkordienformel) stets mit positiven (affirmativen) Formulierungen verbunden und sind damit eindeutig. Die "Nihil habet"-Regel bleibt dagegen bei der negativen Feststellung stehen und läßt offen, was eigentlich positiv unter *"usus"* oder *"actio"* zu verstehen ist. Dies war es aber, was es Melanchthon ermöglichte, nach beiden Seiten zu argumentieren.

Wie sich bei der Auseinandersetzung mit Wolferinus zeigen sollte[39], war für Luther die „actio" die ganze Handlung mit den einzelnen Akten: nehmen - danken – sprechen – geben – verbindlich, so, wie sie in den Einsetzungsworten beschrieben ist. Die Worte *„Das ist ...".* sind Teile der ganzen, von Christus gebotenen Handlung, die – auch durch den Mund des Priesters ausgesprochen - Christi Worte bleiben. Darum bezeichnete Luther sie als die wichtigste und bedeutungsvollste Handlung innerhalb der Abendmahlsfeier.[40] Für Melanchthon war dagegen usus gleichbedeutend mit Empfang bzw. Austeilung. Die Worte Christi sah er nicht als bewirkend an, sondern nur als Rezitation. Dieser Unterschied führte 1544 schließlich zur Entfremdung der beiden Reformatoren und zum Bruch ihrer Freundschaft.

Bild: Luther am Altar (Konsekration) - Peter Dell d.Ä., 1548.
Holzrelief (Ausschnitt).

Aus einer Handschrift der Herzog-August-Bibliothek Wolfenbüttel

17

Kapitel 2.

Die Ereignisse der Jahre 1543/1544

Dem Bruch zwischen Luther und Melanchthon (1544) gingen einige Ereignisse voraus. Schon 1536 hatte es eine Auseinandersetzung zwischen Luther und Melanchthon gegeben: Der sog. „Cordatusstreit" über die Ursachen der Rechtfertigung hätte fast zu einem Bruch geführt. Damals schon trug sich Melanchthon mit dem Gedanken Wittenberg zu verlassen. Dieser Streit konnte jedoch beigelegt werden.[41] 1543 gab es zwei Ereignisse, die zum Bruch der Freundschaft der beiden Reformatoren führte: Das erste war der Eislebener Pfarrerstreit, bei dem ein unterschiedliches Verständnis der actio sacramentalis an der Haltung der beiden Eislebener Pfarrer zutage trat. Und dann erregte Melanchthons Verhalten bei der Ausarbeitung der Kölner Reformationsordnung den Zorn Luthers. Ein Vorspiel dazu bildete die Abschaffung der Elevation in der Wittenberger Stadtkirche 1542.[42]

a. Die Abschaffung der Elevation

Die Elevation, das Emporheben und Vorzeigen der Hostie nach der Konsekration, war ein wesentlicher und typischer Bestandteil der Messe im Mittelalter, der oft auch durch begleitende Zeremonien (Läuten eines Glöckchens, begleitende Gebete und Gesänge u.a.) hervorgehoben wurde.[43] Sie erfreute sich beim Volke besonderer Beliebtheit und war zuweilen auch mit Mißbräuchen verbunden.[44] Zwischen Luther und Melanchthon bestand hinsichtlich der Bewertung der Elevation, dem Emporheben des Sakraments nach der Konsekration, keine volle Übereinstimmung.[45]

Seit dem 4. Juni 1542 unterließ Bugenhagen in der Pfarrkirche zu Wittenberg die Elevation. Angeblich geschah dies, weil Melanchthon dazu gedrängt habe.[46,]Luther schrieb an Fürst Georg von Anhalt als Antwort auf dessen Nachfrage: *„Wiewohl ich's für mich nicht getan habe, sondern D. Pommer, so hab ich doch darum nicht wollen streiten."* Zu dieser Zeit hegte Luther noch volles Vertrauen zu Melanchthon. Darum stimmte er zu, obwohl dies nicht seiner eigenen Intention entsprach. Die Tatsache, daß danach immer wieder der Verdacht geäußert wurde, mit der Abschaffung der Elevation sei eine

18

Korrektur der Sakramentstheologie erfolgt, erweckte sein Mißtrauen, freilich ohne daß ihm klar war, gegen wen dieses sich richten sollte. So fand man am Eingang seiner Studierstube - so wird berichtet - eines Tages die Worte geschrieben: *„Unsere Professoren müssen über das Abendmahl des Herrn examiniert werden'. Georg Major, der sich besonders gemeint fühlen mochte, fragte Luther: 'Ehrwürdiger Vater, was bedeuten diese Worte?' Luther antwortete: Was Ihr leset und wie sie lauten, also ist's die Meinung; und wenn Ihr wieder heimkommen werdet und ich auch, so wird man ein Examen müssen anstellen, dazu Ihr ebenso wohl als andere erfordert werden sollt'. "*[47]

Einige Monate zuvor, am 21. April 1544, hatte Luther noch geschrieben: *„ Wir kämpfen hier beständig gegen die Lehre der Sakramentarier, und ist weder irgendein Verdacht, noch irgendeine Spur von einem Greuel bei uns zu finden. "*[48] Nun sah er sich offenbar veranlaßt, *allen* Wittenberger Professoren zu mißtrauen, nicht jedoch Melanchthon, dem er grenzenloses Vertrauen schenkte.

Schon 1540 bei der Änderung der Confessio Augustana war es ähnlich.[49] Luther gab Melanchthon sein Einverständnis dazu, obwohl er zu ihm sagte: *„Philippe, das ist nicht Euer, sondern der Kirche Buch".* Unverkennbar war er von der Textänderung in der Variata nicht überzeugt, aber sein Vertrauen zu Melanchthon war so groß, daß er dessen Versicherung glaubte, daß doch auch die neue Formulierung die Realpräsenz lehre. Tatsächlich war dies, so wie Luther sie verstand, nicht der Fall.[50]

Luther selbst liebte die Elevation als eine besonders ausdrucksstarke Geste, die die Realpräsenz bezeugt. Schon in der Auseinandersetzung mit Karlstadt, der u. a. auch die Elevation abgeschafft hatte, war er diesem entschieden entgegengetreten. In seiner Schrift *„Von beider Gestalt des Sakraments zu nehmen"* (1522), in der der Inhalt der nach der Rückkehr von der Wartburg gehaltenen „Invocavitpredigten" zusammengefaßt ist, hat Luther auf die Reformen Bezug genommen. Dabei bemängelte er vor allem ihren aufrührerischen Charakter, verteidigte aber diejenigen Dinge, die Christus weder geboten noch verboten hat und trat für die Freiheit gegenüber jedem unchristlichen Zwang ein.

Auch in „De captivitate Babylonica"[51] bekräftigte er, die Elevation beibehalten zu wollen. Noch in seinen letzten Lebensjahren schrieb er in gleichem Sinn: *„Auch wäre das eine feine Deutung: Daß der Priester mit dem Hochheben des Sakraments nichts anderes täte, denn daß er die Worte erklärt 'Das ist mein Leib', als wollte er damit sagen: 'Sehet, liebe Christen, das ist der Leib, der für euch gegeben ist', daß also das Hochheben ... eine Vermahnung wäre, die Menschen zum Glauben zu reizen, zumal wenn er es bald nach den Worten: 'Das ist mein Leib für euch gegeben' hochhebt."*[52] Dies bezeugt zugleich, mit wie viel Ehrfurcht er selbst das Sakrament zelebrierte. Luther hat ja immer wieder nicht nur auf der Kanzel gestanden, um das Evangelium zu verkündigen, sondern auch sehr oft am Altar, um die Messe zu halten.

Obwohl Luther die Elevation als einen starken Ausdruck des Realpräsenzglaubens schätzte, blieb sie für ihn freilich ein Adiaphoron, das man frei gebrauchen könne oder nicht. Mit dem Hinweis darauf, daß auch innerhalb der gesamten römischen Kirche nicht alle Zeremonien gleichförmig seien - wie er es 1510 selbst in Mailand erlebt habe[53] - bekräftigte er den Anspruch auf Freiheit in derartigen Zeremonien. Obwohl er selbst grundsätzlich für die Beibehaltung der Elevation war, duldete er, daß man sie mancherorts unterließ, während andere sie entschieden ablehnten.[54] In einer Tischrede antwortete er auf die Frage, ob er die Abschaffung der Elevation befürworte: *„Auf keinen Fall! Denn ich sehe, daß die Abschaffung die Autorität des Sakramentes mindert. ... Wenn Christus im Brot gegenwärtig ist, warum soll diese Speise dann nicht mit höchster Ehrfurcht behandelt und angebetet werden?"*[55] Dies sei doch etwas anderes als sie in der Prozession herumzutragen.

Andere Reformatoren, insbesondere Melanchthon, lehnten die Elevation ab, weil es im Spätmittelalter mancherlei mißbräuchliche Sitten gab, an denen Teile des Kirchenvolkes besonders hingen. Da damals nur selten kommuniziert wurde, war die Elevation für viele der eigentliche Höhepunkt der Messe.[56] Manche betraten oftmals die Kirche nur, um den Augenblick der Elevation zu erleben. Da oft an mehreren Altären Messen zelebriert wurden, kam es sogar vor, daß manche sich von Altar zu Altar eilten, um nur jeweils die Elevation zu sehen. Dies mußte als abergläubischer Mißbrauch angesehen werden.

Die Nachricht, daß seit 1542 die Elevation in der Wittenberger Pfarrkirche unterblieb, verbreitete sich sofort über ganz Deutschland. Täglich trafen bei Luther Anfragen nach dem Grunde der Abschaffung der Elevation ein.

Schon zu dieser Zeit überlegte er, zu dieser Frage eine Schrift herauszugeben; denn immer wieder mußte er beteuern, daß an diesem Punkte doch Freiheit herrsche und niemandem ein Zwang auferlegt werden solle.[57] Die zahlreichen schriftlichen Anfragen aus dem In- und Ausland, die in den folgenden Monaten in Wittenberg eintrafen, waren für Luther besonders unangenehm und ärgerlich. Gegenüber der Vermutung, die Abschaffung der Elevation in der Pfarrkirche zu Wittenberg bedeute ein Nachgeben gegenüber den Schwärmern, mußte Luther immer wieder herausstellen, daß sich nichts geändert habe und die Front gegen die Sakramentierer nach wie vor bestünde. Gelegentlich betonte er auch, daß man die Freiheit habe, die Elevation offiziell wieder einzuführen, wenn entsprechende Voraussetzungen gegeben sind: *„Denn wo es dahin würde kommen, daß die Elevation wiederum vonnöten sein würde, Ketzerei oder andere Sachen zu vermeiden, so wollten wir sie wieder anrichten".*[58]

Luther ließ 1544 seinem Ärger darüber freien Lauf, indem er seinem *"Kurzen Bekenntnis vom heiligen Sakrament"* den langen Ausführungen, die darin der Auseinandersetzung mit den Schweizer Theologen gewidmet waren, einen Abschnitt anfügte, durch den er seine Haltung zur Elevation erläuterte und zur Frage, warum sie mancherorts abgeschafft sei, schrieb: *„Am Ende muß ich auch das anhängen: 'Ich höre sagen, daß etliche bewogen sind, zu denken, wir seien mit den Schwärmern eins, weil wir in unsern Kirchen die Elevation haben fallen und anstehen lassen, um zu bekennen, daß Christi Leib und Blut nicht im Sakrament sei, noch mündlich empfangen werde."*

Als erstes führt er an, daß er vor Jahren gegen die, die die Elevation als Opfergestus verstanden, geschrieben habe, er sei dazu geneigt *„die Elevation abzutun um der Papisten willen, die es als ein Opfer und Werk von uns Gott geopfert hielten, wie sie noch tun und über sechs hundert Jahre bisher getan haben."* Um der Schwachen willen, die dies nicht verstünden, habe er aber dennoch die Elevation bleiben lassen *„weil sie doch eine gute Deutung haben könnte, ... wie ich im Büchlein de Capt: Babylonica schrieb ... Auch were das eine feine Deutung, daß der Priester mit Hochheben des Sakraments nichts anders täte, als daß er die Worte erklärt 'Das ist mein Leib', als wolt er damit sagen: 'Sehet, lieben Christen, das ist der Leib, der für euch gegeben ist, ... Sonderlich weil ers bald nach den Worten: 'Das ist mein Leib für euch gegeben' aufhebt.“*[59]

Er erinnert sodann an das wüste Auftreten Karlstadts, um derentwillen er dann die Elevation behielt. *„Denn ehe ich solch Gewissen wollt annehmen oder auf mich laden, daß ich darum müßte die Elevation fallen lassen, das ich durch die selbigen mich einen Christmörder, Kreuziger, Henker achten sollte, wollte ich noch heutigen Tages die Elevation nicht allein behalten, sondern, wo es an einer nicht genug wäre, drei, sieben, zehn Elevationen helfen anrichten. Darum wollte ichs frei haben (wie es denn auch ein frei Ding ist und sein muß)“*.

Er betont sodann, daß es nicht nötig sei, überall gleiche Zeremonien zu haben und führt dafür einige Beispiele aus der Kirchengeschichte an, z. B. aus Mailand, *„welches doch unter dem Papst in Welschenlanden liegt, da nicht allein die Elevation oder ein Stück in der Messe den andern Kirchen, sondern die ganze Messe ungleich ist, ... also daß ich Anno 1510, da ich dadurch zog, an keinem Ort konnte Messe halten.“*

Mit dieser deutlichen Stellungnahme war die Diskussion um die Elevation beendet.

Anmerkung: In diesem Zusammenhang sei angemerkt: Ebenso wie die Elevation hat Luther auch die Adoration, die Anbetung des Sakraments als guten und geziemenden Brauch angesehen und zugleich jeden Zwang zurückgewiesen, der die Freiheit hierin einengen würde, die von Melanchthon und anderen in gleicher Weise abgelehnt wurde. Auf die **ausführliche Behandlung der Adoration bei Tom Hardt** sei an dieser Stelle ausdrücklich verwiesen.[60] Hardt gab seiner gelehrten Dissertation den Titel „Venerabilis et adorabilis Eucharistia", den er den Worten Luthers in den Thesen gegen die Theologen in Louvain im September 1545 entnahm. Luther schrieb: *"In Eucharistia sacramento venerabili & adorabili est & exhibetur*

& sumitur vere & reipsa corpus & sanguis Christi tam a dignis quam indignis." Die deutsche Version lautet: *"In dem hochwürdigen Sacrament des Altars, das man mit allen Ehren anbeten soll, wird gereicht und empfangen wahrhaftig der natürliche Leib und Blut des HERREN Jesu Christi, sowohl von Würdigen und Unwürdigen."*

Elevation
aus Luthers Betbüchlein, 1523

b. Die Transsubstantiation

Auch in der Stellung zur Transsubstantiationslehre bestand ein entscheidender Unterschied zwischen den beiden Reformatoren.

Luther wollte die Transsubstatiation *lediglich als Lehre* ablehnen, keineswegs aber damit die Betonung Realpraesenz abschwächen. Er wollte vielmehr auf die alte vorscholastische Weise zu glauben, zurückgreifen. Schon in „De captivitate Babylonica (1520) hatte er geschrieben: *„Aber die Kirche hat ja länger als zwölfhundert Jahre recht geglaubt, und nie und nirgends haben die heiligen Väter jener Tanssubstantiation (fürwahr was für ein ungeheuerliches Wort und Gedanke!) gedacht, bis die sog. Philosophie des Aristoteles in der Kirche anfing in diesen letzten dreihundert Jahren im Schwange zu gehen, in denen auch sonst vieles andere in verkehrter Weise festgesetzt ist. "*[61]

Darum ist es nicht verwunderlich, dass bei ihm für „*konsekrieren"* auch der Terminus „*wandeln"* begegnet: *„Eucharistia est Panis et vinum verbo conjunctum, mutatum in corpus et sanguinem Christi. "*[62] Mit „*wandeln"* bezeichnet er das in der Konsekration stattfindende Wirken des Wortes, wodurch Brot nicht mehr nur Brot, sondern auch Leib Jesu, und wodurch Wein nicht mehr nur Wein, sondern auch Blut Jesu ist. Dies ist für ihn keine philosophisch begründete Lehre wie die römische Transsubstantiationslehre, sondern der Versuch einer Umschreibung des geheimnisvollen Wirkens des Wortes Christi, ohne daß er daraus eine „Konsubstantiationslehre" entwickelt hätte, wie man ihm später unterstellte. Eine solche Lehre wäre für ihn nur wieder eine neue „sophistische Spitzfindigkeit" gewesen.[63] Das geheimnisvolle Wirken des Wortes Gottes besteht darin, dass Christus selbst durch den Mund des Priesters die „wandelnden" Worte spricht, denn das handelnde Subjekt ist nicht der Priester, sondern Christus: *„wir tun nach seinem Gebot, Brot und Wein zum Wort Christi; Aber solch unser Tun wandelt's nicht, Sondern Christi Wort* und Ordnung."[64]

In einer „Collationsrede" hat Luther erörtert, warum er die Transsubstantiationslehre als philosophische Spekulation abwies, indem er aufzeigte, daß deren Urheber unter sich selbst über das nicht einig seien, was mit ihr ausgesagt sei.[65] Dieser Text stammt, wie in der Erlanger Ausgabe (freilich mit Fragezeichen) vermerkt wird, aus dem Jahre 1541, dem Jahr des Regensburger Religionsgesprächs, bei dem Melanchthon unter Heranziehung der Nihil-habet-Regel erfolgreich gegen Eck polemisierte.[66] Luthers Argumentation zur Transsubstatiationslehre zeigt darin demnach gerade zu dieser Zeit auf, wie unterschiedlich er diese im Gegensatz zu Melanchthon bewertet. Wenn Luther darin in dem Satz „Homo est Deus" die Parallele zu dem Satz „Panis est Corpus" zieht steht er im Blick auf die Realpräsenz in klarem Gegensatz zu Melanchthon. *„Darum bleiben wir bei der gemeinen Rede, ubi componuntur extrema: Homo est Deus, Mensch und Gott ist ein Ding".[67]*

Im Gegensatz zu Luther sah Melanchthon in der Transsubstatiationslehre eine *wesentlich falsche* Lehre.[68] Es ist bezeichnend, daß er 1543 in seinen Loci theologici[69] im Abschnitt *„Refutatio Sacramentariorum"* zwar seine feierliche Versicherung abgab, mit Luthers Abendmahlslehre übereinzustimmen[70], aber in den vorangegangenen Abschnitten war der Unterschied deutlich zutage getreten, denn unter der Überschrift „De substantia coenae Domini" definiert er: *„Das Mahl des Herrn ist die vollständige Handlung, nämlich der Empfang des Brotes und des Weines und die Rezitation der Formel, die von Christus, unserem Herrn geboten und geordnet sind, in der [sc. der Handlung] nicht nur Brot und Wein, sondern auch Leib und Blut Christi wahrhaft und substantiell den Empfangenen ausgeteilt werden und den Gläubigen zugleich geschenkt wird, und die Vergebung der Sünden und andere von Christus im Evangelium verheißene Wohltaten zugeeignet werden."[71]*

Was für Luther lediglich *eine sophistische Spitzfindigkeit* ist, das ist für Melanchthon *die Quelle des Götzendienstes (fons idolomaniarum)*. Tom Hardt beschreibt daher zu Recht die verschiedene Bewertung der Transsubstantiationslehre durch Luther und Melanchthon wie folgt: *„Die Transsubstantiation fällt für Melanchthon unter das Urteil eines materialistischen Sakramentsbegriffes. Seine Kritik trifft zutiefst gesehen nicht die thomistische Lehre, die einmal entwickelt wurde, um gerade seine eigene Forderung nach der Erhabenheit der geistlichen Dinge gegenüber der Materie zufriedenzustellen, wie gleichzeitig die kirchliche Doktrin von der Wirklichkeit der Realpräsenz unzerstört gelassen wurde. Dagegen steht Melanchthon in Ge-*

25

gensatz zu der nominalistischen Lehre der Eigenexistenz des Leibes Christi und zur Transsubstantiation in dem Maß, wie diese sich hier anfügte. Dieser Gegensatz ist der, der ihn auch von Luther unterscheidet."[72] Entsprechend hebt Gollwitzer zu dieser Problematik hervor: „Während man von der lutherischen Anschauung aus die Transsubstantiationslehre als eine bedauerliche, aber nicht entscheidende Verirrung betrachten konnte, mußte sie für Melanchthon gerade der entscheidende Ausdruck des Abfalls sein. Denn hier findet eine Verdinglichung Christi statt, die seine Gegenwart verfügbar macht und ihm die Freiheit raubt."[73]

Im Gegensatz zu Melanchthon konnte Luther sagen: „Es bleibe Wein da oder nicht, mir ist genug, daß Christus Blut da sei; es gehe dem Wein, wie Gott will. Und ehe ich mit den Schwärmern wollt eitel Wein haben, so wollt ich ehe mit dem Papst eitel Blut halten.[74] - und dies im Bewußtsein der sonst so scharfen Abgrenzung vom Papsttum. Darin folgten ihm später nicht nur die Gnesiolutheraner, es entsprach auch dem einfältigen Glaubensverständnis des einfachen Volkes.[75]

Natürlich ist es müßig – zumal nach 450 Jahren – die Frage zu stellen „Was wäre gewesen, wenn ..?". Dennoch darf man an dieser Stelle gewiß einmal die Frage einschieben, wie die Verhandlungen des Regensburger Religionsgespräches 1541 wohl verlaufen wären, wenn Melanchthon mehr Luthers Intentionen gefolgt wäre als seinen eigenen. Denn dort war man versammelt, um gemeinsam das bevorstehende Konzil von Trient vorzubereiten. Stephan Kallweit schreibt dazu über den Verlauf des Regensburger Kolloquiums: „Ihr erstes Ergebnis übertraf die kühnsten Hoffnungen. In wenigen Sitzungen einigte man sich über die Artikel vom freien Willen und der Erbsünde, und am 2. Mai wurde auch der Artikel über die Rechtfertigungslehre, wonach der durch die Liebe wirksame Glaube rechtfertige, von beiden Seiten angenommen. In der dogmatischen Kernfrage, an der sich Luthers Lehre entwickelte und die Glaubensspaltung entzündet hatte, erklärte man, einig zu sein. Der Weg zur kirchlichen Eintracht schien weit geöffnet, und beglückt meldete Contarini das große Ereignis nach Rom."[76]

Aber dann scheiterten die Verhandlungen an der Frage der Transsubstantiationslehre, denn die reformatorische Seite mit Melanchthon, Butzer und Johannes Pistorius d.Ä. weigerten *„sich entschieden, den Begriff der Transsubstantiation anzuerkennen, und auch ein Contarini war nicht bereit, hier im geringsten nachzugeben, weil es dabei nicht um eine bloße Lehrmeinung, sondern um ein formuliertes Dogma ging (1215).“* Auch wenn solche Spekulation müßig ist, kann man sich fragen: Hätten die so verheißungsvoll begonnenen Verhandlungen nicht doch zu einem versöhnlichen Verlauf des Tridentinums führen können, wenn Melanchthon nicht seine eigene, sondern Luthers Position vertreten hätte?

Die Transsubstantiationslehre wird von Luther und der Lutherischen Kirche verworfen, weil sie eine mit der Schrift - wo auch das konsekrierte Brot noch Brot heißt, 1. Kor. 11,26ff - nicht vereinbare und darum falsche philosophisch-theologische Theorie ist, die das Wunder beschreiben will, das doch aller Beschreibung und Erklärung spottet. Aber die Transsubstantiationslehre will wenigstens die Realpräsenz festhalten. Deswegen hat Luther sie immer milder beurteilt als die schwärmerische und Zwinglische Leugnung der Realpräsenz. An diesem Punkte stehen trotz der bestehenden tiefen Kluft die Lutheraner Rom näher als den Reformierten, auch den Calvinisten. Man darf auch nicht, wie es immer noch geschieht, dem Luthertum eine Konsubstantiationslehre zuschreiben und von hier aus den Gegensatz verstehen wollen. Wenn Luther in seiner Frühzeit sich gegen die Transsubstantiation auf die von occamistischer Seite gelehrte Konsubstantiation beruft, dann tut er das nur, um zu zeigen, daß die Transsubstantiationslehre selbst in der Römischen Kirche nicht die einzige war.

Hermann Sasse, Corpus Christi, S. 132

c. Der Eislebener Pfarrerstreit

„Zu dem Vielem, was mir in meinem hohen Alter Not macht, kommt nun auch das noch hinzu, daß Du mein lieber Simon und Herr Friedrich, der Pfarrer zu S. Peter in meiner Heimatstadt mir Schmerz bereitet habt ..."[77] - so schrieb Luther am 20. Juli 1543[78] an den Eislebener Pfarrer Simon Wolferinus[79]. Tatsächlich gab es in diesen Jahren Vieles, was Luther Not machte. Neben den vielen ärgerlichen Nachfragen wegen der Elevationsabschaffung, die in dieser Zeit in Wittenberg eintrafen, machte ihm auch zu schaffen, daß sich ein neuer Streit mit den Schweizern anbahnte. Dazu kamen die gesundheitlichen Beschwerden, die ihn schon seit längerer Zeit belasteten. Sie nahmen immer mehr zu und legten sich ihm aufs Gemüt. Äußerungen der Resignation und der Todessehnsucht häuften sich. All dies und noch mehr prägte in dieser Zeit seine Haltung, die man nicht einfach als „Altersstarrsinn" abtun kann, wie dies gelegentlich geschehen ist.[80]

Der Eislebener Streit zwischen den Pfarrern Simon Wolferinus (Andreaskirche) und Friedrich Rauber (St. Petrikirche) brach 1543 an der Sakramentsverwaltung des Pfarrers Simon Wolferinus aus. Er begann damit, daß der ältere Friedrich Rauber[81] dem jüngeren Amtsbruder Simon Wolferinus vorwarf, bei der Sakramentsverwaltung die übliche Verfahrensweise nicht eingehalten zu haben, denn Wolferinus hatte bei der Sakramentsverwaltung konsekrierte und unkonsekrierte Abendmahlselemente vermengt bzw. nicht voneinander unterschieden. Wolferinus fühlte sich ungerechtfertigt attackiert und zu Unrecht verleumdet. Er beklagte auch, daß sogar der Superattendent Justus Jonas (Halle) und der Eislebener Superattendent Valentin Vigelius von Rauber in diesen Streit einbezogen worden seien.

Wolferinus forderte Rauber zu einer Disputation auf, für die er 10 Thesen beifügte. Er war sich sicher, von *"unseren Herren"* (gemeint sind die Wittenberger Theologen) in seiner Haltung gerechtfertigt zu werden, da er sich mit seinen Thesen auf Melanchthon stützen konnte. Darin stand u.a.: *„Es ist also Schwärmerei, tolle Gehässigkeit und ungeheuerliche Unwissenheit, zu meinen, das Übrige sowohl des Weines, wie des Brotes, wie auch des Wassers, seien nach der Handlung [noch] Sakramente."*[82]

Wie aus einem Brief von Valentin Vigelius an Justus Jonas ersichtlich ist, hatte der Streit schon eine Vorgeschichte gehabt.[83,]Demnach waren solche Streitfragen auch anderswo akut. Dabei fällt auf, daß erst jetzt - zwei Jahrzehnte seit Beginn der Durchführung der Reformation - die Frage auftauchte, wie mit etwa übrig bleibenden konsekrierten Abendmahlselementen umgegangen werden solle. Dieses Problem gab es vor der Reformation kaum, weil das Sakrament – wenn überhaupt Kommunionausteilung angesetzt war - meist nur an wenige Gemeindeglieder ausgeteilt wurde. Von Anfang der Reformation an galt dann der Grundsatz, daß niemand zum Sakramentsempfang zugelassen werden solle, der nicht zuvor gebeichtet habe. Daher war die Zahl der zu erwartenden Kommunikanten vor Gottesdienstbeginn bekannt. Es verblieben daher keine konsekrierten Abendmahlselemente, weil man vor Beginn der Abendmahlsfeier die Hostien entsprechend abzählen konnte. (Dies war in den Kirchenordnungen oft ausdrücklich vorgeschrieben und war weithin selbstverständliche Sitte.[84]) Daß Hostien übrigblieben, kam also normalerweise gar nicht vor.

Luther hatte ja von Anfang an darauf gedrungen, daß man das Sakrament oft empfangen soll, sodaß sich die häufige Kommunion sehr schnell durchsetzte.[85] Die häufige Kommunion, die in der röm.-kath. Kirche erst seit dem 19. Jahrhundert selbstverständlich wurde, setzte sich in den lutherischen Kirchen bereits im Reformationsjahrhundert durch.[86] Als nach Einführung der Reformation das Sakrament regelmäßig bzw. häufig an die Gemeinde ausgeteilt wurde - und zwar sowohl unter der Gestalt des Brotes wie auch des Weines - waren Regelungen für die praktische Durchführung notwendig geworden.

Die Menge des zu konsekrierenden Weins war vor der Reformation leicht zu bemessen, da ja der zelebrierende Priester allein aus dem Kelch trank. Aber auch als durch die Reformation der Laienkelch eingeführt wurde, dürften hier keine Schwierigkeiten entstanden sein, da in den Anfangsjahren der Reformation offenbar selten mehr als 16 Kommunikanten kamen.[87] Doch als die Zahl der Abendmahlsgäste wuchs, wurde es schwieriger, die Menge des Weins zuvor entsprechend zu bemessen.

Im Eislebener Pfarrerstreit ordnete der zuständige Superattendent Vigelius unter Zustimmung aller an, *"die Reste des Kelches dem letzten Kommunikanten oder einem aus der Zahl der Kommunikanten zusammen mit der Ausspülung des Kelches zu reichen, [d.h.] mit dem Wein, mit dem der Kelch aufs sorgfältigste ausgespült wird, wie es auch in den kurfürstlichen Kirchen Sitte ist"*[88]. Zudem habe er angeordnet, daß die Sakramente mit höchster Ehrfurcht und Reverenz zu administrieren seien. Für den Fall aber, daß *"einer der Brüder nicht in der Lage sei, so exakt und der Anzahl der Kommunikanten genau entsprechend das Eingießen des Weins vorzunehmen"*, könne, schreibt Vigelius, der Rest auch ohne Skandal vom Diakon sumiert werden. Vigelius fühlte sich zu diesen Entscheidungen – wie er schrieb - durch das Urteil *"der Wittenbergischen Kirche"* veranlaßt.

Diese Verfahrensweise entspricht der herkömmlichen Sitte.[89.] Die verehrungsvolle Behandlung des konsekrierten Sakraments war selbstverständlich. Luther hat nirgendwo dagegen polemisiert. Das entspricht auch seiner eigenen Haltung gegenüber den Zeremonien. Auch wenn er sich vielfach gegen eine rein äußerliche, nur formale und daher sinnentleerte oder gar abergläubische Ehrfurcht beim Vollzug des Altarsakraments wandte, die nicht vom Glauben an die Verheißungsworte Christi getragen war, stand hinter seiner Haltung das Anliegen, das Altarsakrament voller Ehrfurcht in rechtem Glauben zu feiern.

Rauber brachte Luther die Thesen des Wolferinus und das Schreiben, das dieser an ihn gerichtet hatte, zur Kenntnis.[90] Luther antwortete darauf zusammen mit Bugenhagen (in Abwesenheit von Melanchthon, der ja in Köln weilte) in einem Brief vom 4. Juli 1543.[91] Darin erhebt Luther zunächst heftige Vorwürfe gegen Wolferinus, daß er sich mit seinem Amtsbruder nicht brüderlich verständigt habe. Sachlich fiel seine Stellungnahme ganz anders aus, als es Wolferinus erwartet hatte, denn Luther weist die Schlußfolgerung, übrigbleibende konsekrierte Elemente seien kein Sakrament mehr, sodaß sie mit unkonsekriertem Brot bzw. Wein vermischt werden könnten, ausdrücklich zurück.

Luther bestätigt dem Wolferinus, daß dieser es zwar selbst in Wittenberg gelernt habe, die Sakramente seien Handlungen und nicht [feststehende] Tatbestände[92]. Aber er hält ihm vor, es sei eine eigenwillige Verwegenheit, wissen zu wollen, was sich nicht gehört, und wohl gar bei der Austeilung übrig gebliebenen Wein oder Brot mit früherem Brot und Wein zu vermischen.[93] Dies bestätigt Raubers traditionelle Verfahrensweise[94], durch die sumptio der Reliqua jeder Reflexion über den Charakter übrigbleibender Abendmahlselemente den Boden zu entziehen. Darum hielt Luther ihm vor: *"Nach welchem Beispiel handelst du? Du siehst wohl nicht, welche gefährlichen Fragen du heraufbeschwörst, wenn du überflüssigerweise in deinem Sinn behauptest, wenn die Handlung aufhöre, höre auch das Sakrament auf."*[95] Er schreibt, er höre aus Wolferinus einen Zwinglianer reden. Wolferinus betreibe mit seiner eigenwilligen Weisheit offensichtlich Zwinglis Geschäft. Bei Einfältigen und Gegnern setze er sich dem Verdacht aus, ein Verächter des Sakraments zu sein, wenn er das Übrige des Sakraments mit dem unkonsekrierten Wein vermische bzw. zusammengieße.

Eine gewisse Gereiztheit spricht aus Luthers Schreiben. War es doch die Zeit, in der die Streitigkeiten um das Altarsakrament aufs neue einem Höhepunkt zustrebten[96].

"Warum" - so fragt Luther Wolferinus vorwurfsvoll - *"folgst du nicht dem Beispiel anderer Kirchen? Warum willst du allein als ein neuer und gefährlicher Neuerer gelten? Ich schreibe dir dies so schmerzlich, damit du weißt, daß du mich gekränkt und meinen Geist betrübt hast."* Er fordert Wolferinus auf, sich mit Rauber zu versöhnen und hält ihm das Wittenberger Beispiel des Umgangs mit den übrig gebliebenen Abendmahlselementen vor: *"Denn du kannst wie wir dann auch alhier tun: Das übrige Sakrament mit den Kommunikanten austrinken und aufessen, auf daß es nicht von Nöten sei, solche ärgerlichen und gefährlichen Fragen vom Aufhören des Sakraments zu erregen, in welchen du wirst ersticken müssen, wenn du nicht wirst Buße tun. Denn mit solchem Argument oder Beweis hebst du das ganze Sakrament auf, und hast nichts, das du könntest den Lästerern antworten..."*.[97]

Es fällt auf, daß in diesem Zusammenhang die Frage der Aufbewahrung der Eucharistie nicht diskutiert wurde. Dazu kann man in dem Werk von Otto Nußbaum *"Die Aufbewahrung der Eucharistie"*[98]

31

auch aus der vorreformatorischen Zeit Belege finden, die dem entsprechen, denn offensichtlich hatte die Aufbewahrung der Eucharistie damals noch nicht die Bedeutung, die sie dann im Zeitalter der Gegenreformation erlangte.

In Bezug auf die Zeit Luthers stellt Nußbaum u.a. fest: *"Noch im 16. Jahrhundert sprechen viele Konzilien die Mahnung aus, Vorsichtsmaßnahmen zu treffen, daß bei diesen Anlässen [sc. an den Festtagen mit einer hohen Kommunionfrequenz] nicht zu viele Hostien übrig bleiben. Gelegentlich wird dabei auch daran erinnert, bei der Berechnung der Hostienzahl an die wenigen für das Viaticum zu konsekrierenden Hostien zu denken, deren Zahl jedoch nicht größer sein soll, als man voraussichtlich für einen Monat braucht."*[99]

Für Luther war jede Reflexion über die sakramentale Gegenwart in konsekrierten Abendmahlselementen *nach* beendeter actio sacramentalis rein theoretischer Natur und darum gefährlich, da sie zu der unnützen Frage führe, ob es eine "cessatio" gebe, d.h. ob und wann die sakramentale Gegenwart in diesen Elementen aufhöre. Dies errege *„ärgerliche und gefährliche Fragen"*[100] bzw *"unzählige Bekümmernisse der Gewissen und unendliche Fragen"*, betont Luther.[101]

Schon dieser erste Brief Luthers an Wolferinus macht also deutlich, daß in der Abendmahlslehre zwischen Melanchthon (auf den sich ja Wolferinus stützte) und Luther an der Frage der Reliqua Sacramenti ein Dissensus aufbrach. Während Luther alle Fragen über das Aufhören der sakramentlichen Gegenwart des Leibes und Blutes Christi durch die sumptio der Reliqua Sacramenti ausgeschlossen wissen wollte, zog Melanchthon seinerseits den Schluß: was übrig bleibt, sei nicht mehr Sakrament[102], ja es könne zu profanem Gebrauch nach Hause mitgenommen werden.[103] Melanchthon stimmt mit Luther zwar darin überein, daß die Reliqua Sacramenti von dem letzten Kommunikanten (oder mehreren) sumiert werden sollen[104], aber nach seiner Meinung sei dies nur wegen der Unkundigen – d. h. der unwissenden Gemeindeglieder willen - nötig.

Es leuchtet ein, daß sich Wolferinus aus seiner Sicht mit dieser Antwort Luthers nicht zufrieden geben konnte. Hatte er sich doch mit seinen Thesen und Anklagen gegen Rauber ausdrücklich auf Melanchthons Stellungnahme berufen können. Er mußte davon ausgehen, daß Luther die Stellungnahme Melanchthons, der ja zu dieser Zeit in Köln weilte, nicht kannte. Deshalb leitete er Luther diese nun zu.

Luther antwortete Wolferinus am 20. Juli 1543 mit einem zweiten Brief[105], in dem er nunmehr auf die von Melanchthon herrührenden Thesen Bezug nahm und heftige Vorwürfe erhebt, daß unter den *"Dienern einer Stadt, einer Kirche und eines Volks und sonst in der ganzen Lehre einträchtig"*[106] ein so unnötiger Streit ausgebrochen sei. Wolferinus habe gegen die brüderliche Liebe verstoßen und sei satanischer Versuchung erlegen. Die Sache hätte in brüderlichem Gespräch geklärt werden können, da er ja *"nicht wider die papistische Wüterei, sondern wider einen Mitdiener eurer Religion"* streite. Wolferinus durchschaue sie nicht hinreichend, sie sei auch nicht so gewichtig geworden, wenn er sie durchschaut hätte. Mit anderen Worten, die Angelegenheit hätte gar nicht erst eine solche Bedeutung bekommen, wenn Wolferinus sie nicht durch sein Verhalten hochgespielt hätte.

Sodann äußert sich Luther zu Wolferinus' Berufung auf Melanchthons Stellungnahme. Luther meint, Wolferinus habe Melanchthon falsch interpretiert: *"Der Herr Philippus hat zwar recht geschrieben, das kein Sakrament sei außerhalb der Action des Sacraments, aber ihr definiert oder beschreibt solche Action viel zu schnell vnd gleich"*[107]. Wolferinus laufe Gefahr, bei seiner übertriebenen Definition der actio sacramentalis das Sakrament selbst zu verlieren.[108] In diesem Zusammenhang nennt Luther die Konsekration *"potissima et principalis actio in Sacramento"*.[109]

Sodann legt Luther seine Beschreibung der actio sacramentalis dar und formuliert in Abwehr der melanchthonischen Position: Nicht allein auf den Trend (*"motum"*) müsse geachtet werden, sondern auch auf den Zeitraum, den die actio einnimmt: *"Deshalb muß man nicht allein auf den Augenblick oder die Zeit der anstehenden und gegenwärtigen Aktion sehen oder auf das Geben oder Nehmen, sondern auch auf die Zeit, nicht nach der mathematischen, sondern nach der physischen (sc. natürlichen) Breite, das heißt, man soll solcher Aktion Weile und Verzug, ja einen solchen Verzug geben, der da bestehe in rechter oder gebührende Weite, welches die Griechen nennen en platei. (sc. in der Breite)"*[110] Melanchthon konnte hingegen in diesem

33

Sinne von einem genau definierten Zeitraum der Realpräsenz nicht sprechen. Den Begriff "actio sacramentalis" könnte man bei ihm richtiger wohl als "sakramentales Handeln" übersetzen.

Luther unternimmt zwar den Versuch, auch Melanchthons Äußerung in seinem Sinne zu deuten, wenn er schreibt: *"Der Herr Philippus beschreibt die Aktion des Sakraments relative ad extra, das ist gegen das Einsperren und Umhertragen des Sakraments. Er teilt sie nicht in sich selbst, beschreibt er sie auch nicht gegen sich selbst"*[111] Luther fügt ausdrücklich hinzu: *„das will wahrlich der Herr Philippus nicht"*[112], aber tatsächlich bezeugt diese Beteuerung Luthers nur, daß ihm die Auffassung Melanchthons bis dahin unbekannt geblieben war. Es ist also festzustellen, daß a) zwischen der Anwendung der Nihil-habet-Regel durch Wolferinus und der Auffassung Luthers ein sich ausschließender Unterschied besteht, b) daß dies auf Melanchthon zurückgeht und c) daß Luther bis dahin von Melanchthons tatsächlicher Auffassung nichts wußte.

Eine weitere Disharmonie zwischen den beiden Reformatoren steht hiermit im Zusammenhang: Melanchthon hält das Sumieren der Reliqua - für ihn sind sie ja nicht mehr Sakrament - nur *"wegen der Unkundigen"*[113] für notwendig, während Luther - wie er in seinem ersten Brief an Wolferinus betont - fordert, daß das Übrige sumiert werden müsse, um alle schwierigen Fragen auszuschließen. Aus *diesem* Grunde gibt er im zweiten Brief an Wolferinus die Anweisung: *"Darum achtet darauf, daß, wenn etwas vom Sakrament übergeblieben ist, dies entweder einige Kommunikanten oder der Priester und der Diener nehme, daß nicht allein der Diakon oder sonst ein anderer das Übrige im Kelch allein trinke, sondern er soll es denen geben, die schon den Leib Christi empfangen haben, damit ihr nicht dafür angesehen werdet, als wolltet ihr zu einem bösen Exempel das Sakrament teilen oder unwürdig mit der Aktion des Sakraments umgehen"*[114]

Vor diesem Hintergrund ist Luthers Definition der actio sacramentalis zu verstehen, die er im zweiten Brief an Wolferinus gibt: *"Darum wollen wir die Zeitdauer oder Handlung des Sakraments so beschreiben, daß sie mit dem Vater unser anfange und andauere, bis sie alle kommuniziert, den Kelch ausgetrunken, übrigen Partikel geges-*

sen haben, das Volck von einander gewichen und bis man vom Altar gegangen ist. So können wir sicher und frei sein von den Bekümmernissen, Ärgernissen der unendlichen Fragen." [115]

Die ganze actio sacramentalis besteht für Luther somit aus verschiedenen Teilhandlungen. Die wichtigste dieser Teilhandlungen ist die Konsekration (Luther nannte sie ja die *"potissima et principalis actio in Sacramento")*, weil in ihr Christi eigenes, wirkendes Wort laut wird. Sie ist eingebunden in die actio sacramentalis, die Christus einsetzte und befahl, und die geschieht, damit die Mitteilung des Heils in den geschenkten Gaben, dem Leib und Blut Christi, an die Empfangenden zur Vollendung komme. Die Bindung der Konsekration an die actio sacramentalis ist somit die Bindung an den Willen des Stifters. Wo sie zu einem anderen Zweck geschieht, das heißt zu einem außerhalb der actio sacramentalis liegenden Zweck (*"relative ad extra"* = Prozessionen u. ä[116]), geschieht sie mißbräuchlich, womöglich gar unwirksam und gotteslästerlich. [117]

Mit diesen Feststellungen hat Luther sehr präzise die Handlung des Sakraments und die Realpräsenz beschrieben. Melanchthon hatte im Gegensatz dazu geschrieben: *„Mit dem Aufhören des Sakramentsgebrauch hört auch das Sakrament auf"* [118] und *"Deswegen ist, kein Sakrament, was nach der Kommunion des Brotes und Weines übrig bleibt, weil die ganze Handlung Sakrament ist."* [119]

Melanchthon kann dies sagen, weil für ihn das Sprechen der Einsetzungsworte *nur eine* der verschiedenen Teilhandlungen bei der Sakramentsfeier ist, nicht die die Gegenwart schaffende *"potissima et principalis actio in Sacramento"*, wie es Luther betonte.

Tom G.A. Hardt beschreibt Melanchthons Verständnis der Actio Sacramentalis so: *„Ausdrücklich spricht Melanchthon den Satz aus, den Luther verworfen hatte: 'Cessante usu sacramenti cesset quoque sacramentum.' Die übriggebliebenen Gestalten, die nicht zum Gebrauch kamen, 'non sunt sacramenta, quia actio tota est sacramentum'. Sie haben sich nicht als Sakrament qualifiziert, da nämlich die sakramentskonstituierende "actio" [sc. des Essens bzw. Trinkens] nicht mit ihnen vollzogen wurde."* [120]

Weiterhin fügt Hardt an: *„Es sollte beachtet werden, daß Melan-*

chthon nicht sagt, daß der Leib Christi erst beim Essen gegenwärtig wird. Es ist das Sakrament, das sich durch das Zuendeführen der Handlung als Sakrament qualifiziert: 'actio tota est sacramentum.' Melanchthon zielt nicht darauf ab, die Gegenwart später eintreten zu lassen, als dies Luther meint. Er denkt in ganz anderen Kategorien: 'est actionis praesentia'. "Christus adest hominis causa, non propter panem, sicut verba recitantur, non propter panem, sed propter auditorem." Die Handlung wird durch den Genuß der Gegenwart durch die Menschen zur rechten Handlung Christi. Die Handlung besteht freilich auch aus äußerlichen Requisiten: Wort und Element. Wenn diese 'causae' zusammengeführt werden ('concurrunt'), wird die ganze Handlung die richtige Handlung unter der Verheißung der Gegenwart. Christus ist selbst der Verwalter seines Sakraments und bindet sich nicht sinnlos an das Element, das nicht ausgeteilt wird. Damit vermeidet es Melanchthon, ein Aufhören der Gegenwart zu lehren." [121]

Melanchthon war wahrscheinlich selbst davon überzeugt, mit dieser Auffassung auch Luthers Position gerecht zu werden, aber nach Luthers Verständnis war dies nicht der Fall. Man muß Melanchthon darum also nicht unbedingt unlautere Motive unterstellen. Die Denkweise des humanistischen Gelehrten Philipp Melanchthon, der zum Reformator wurde, war eben eine andere als die des zum Reformator gewordenen frommen Priestermönchs Martin Luther. Aber der Gegensatz ist offenkundig.

Die mit Wolferinus' Thesen aufgeworfenen Fragen schienen mit den beiden Briefen Luthers an Wolferinus beantwortet zu sein. Die unterschiedliche Antwort Melanchthons ließ aber bereits ahnen, daß hier Konfliktstoff verborgen lag. Einige Jahre später brachte der Erfurter Pfarrer Johann Hachenburg diese Fragen aufs Neue zur Sprache. [122]

Zusammenfassend ist also festzustellen: Der Streit zwischen den beiden Eislebener Pfarrern Wolferinus und Rauber offenbarte an diesem wichtigen Punkt der Sakramentstheologie einen schwerwiegenden Dissens zwischen den beiden Reformatoren, der bis dahin Luther selbst unbekannt war. Luther hatte bisher Melanchthon noch uneingeschränktes Vertrauen geschenkt. Daher versuchte er, die melanchthonischen Thesen, die Wolferinus ihm vorgelegt hatte, umzudeuten. Mit Nachdruck beteuert er, dies – was Wolferinus vertrete - könne Melanchthon nicht gemeint haben.[123.] Er schreibt: *„Hoc certe non vult D. Philippus"*. Und zu seiner eigenen Deutung der Nihil-habet-Regel schrieb Luther: *„Sic sentio, sic sentit et Philippus, hoc scio."* Aber hier irrte er: Melanchthon vertrat seinen eigenen, gegensätzlichen Standpunkt.

Um den Tisch des Herrn sammelt sich die Kirche. Am Tisch des Herrn ist sie in den Tagen der Apostel zum Bewußtsein dessen erwacht, was sie ihrem innersten Wesen nach ist: Leib Christi. Wo der Tisch des Herrn verödet, wo das Abendmahl nicht mehr verstanden und nicht mehr gefeiert wird, da stirbt die Kirche unrettbar. Dieser Zusammenhang zwischen Kirche und Abendmahl, zwischen dem Leib des Herrn, den wir am Altar empfangen, und dem Leib des Herrn, der die Kirche ist, ist keiner rationalen Erklärung zugänglich, und doch bezeugt ihn die lebendige Erfahrung der Christenheit in 19 Jahrhunderten auf Schritt und Tritt.

Hermann Sasse, Corpus Christi, S. 122

d. Die Kölner Reformation

Auch für das Erzbistum Köln war die Einführung der Reformation geplant. Erzbischof Hermann von Wied hatte dazu 1543 Butzer und Melanchthon, sowie weitere Theologen nach Bonn gerufen. So weilte Melanchthon mehrere Monate im Jagdschloß Runkel[124] (zwischen Bonn und Köln gelegen). Es lagen dort zwei Reformationsvorschläge vor, der eine, verfaßt von dem Kölner Domherren Kaspar Gropper, der andere von Butzer[125] *„Einfältiges Bedenken"* genannt.[126] Diesen vervollständigte Melanchthon in mehreren Artikeln, ließ jedoch den vom Abendmahl ungeändert. Darin heißt es, das Abendmahl sei *„communicatio corporis et sanguinis Christi, quae nobis cum pane et vino exhibetur"*. Melanchthon war sich offenbar darüber im Klaren, daß diese Formulierung Luthers Zustimmung nicht finden würde, denn er sah von vornherein große Schwierigkeiten voraus.[127]

Nach seiner Rückkehr erstattete Melanchthon Luther einen mündlichen Bericht. Luther nahm ihn zur Kenntnis. Wie er in einem Brief bekräftigte, hegte er keinen Verdacht gegen Melanchthon[128]. Er hatte ja Melanchthon selbst zur Mitarbeit an der Kölner Kirchenordnung ermuntert und vertraute deshalb darauf, Melanchthon werde die Zusammenarbeit mit Butzer nicht dulden, wenn dieser eine unreine Lehre vertrete.[129]

Bis Juni 1544 hatte Luther den Text des *„Einfältigen Bedenken"* noch nicht gelesen und keinerlei Verdacht geschöpft, weil er dem mündlichen Bericht Melanchthons vertraute.[130] Den schriftlichen Wortlaut konnte er erst zur Kenntnis nehmen, als er diesen von Nikolaus von Amsdorf erhalten hatte. Dieser hatte das Schriftstück nämlich von Kurfürst Johann Friedrich zur Prüfung zugesandt bekommen. Der Kurfürst seinerseits hatte daraufhin Verdacht geschöpft und mitgeteilt, daß *„ vielleicht dasselbige, so viel wir darin in einer Eile gelesen, nicht alle Ding der reinen Lehre gemäß gemacht sein mögen. "*[131]

Von Amsdorf hatte auch schon früher Widersprüchlichkeiten Melanchthons erkannt und Luther mitgeteilt.[132] So bekam Luther erst durch von Amsdorf genaue Kenntnis von dem Text des *„Einfältigen Bedenkens"*. Bei der Lektüre wandte er sich sogleich den Aussagen über das Heilige Abendmahl zu. Er war ja in dieser Zeit wegen der ständigen Anfragen über die Elevationsfrage besonders empfindlich und gereizt[133]: *„...des Bischofs [von Amsdorfs] Artikel gefallen mir wohl, denn da liegt Macht an ... Ich bin aber aus den Artikeln flugs ins Buch gefallen[134] und vom Sakrament (denn da druckt mich hart der Schuh) und befinde, das mir nichts überall gefällt. "* Sein Urteil lautete: *„Es treibt lang viel Geschwätz vom Nutzen, Früchten und Ehre des Sakraments, Aber von der Substanz mümmelt es, sodaß man nicht soll vernehmen, was er davon halte, In dem Maße, wie es die Schwärmer tun, Und wie der Bischof [sc. von Amsdorf] anzeigt, nicht ein Wort wider die Schwärmer sagt, worüber doch zu handeln notwendig ist, Das andere würde sich wohl finden mit weniger Mühe und Reden. Aber nirgends will es heraus, ob da sei rechter Leib und Blut mündlich empfangen... "[135]*

Was Melanchthon befürchtet hatte, aber mit seinem mündlichen Bericht noch zu verhindern wußte, erfüllte sich nun: Luther entdeckte sofort die Formulierung, die das Wesen der Realpräsenz verschleierte (*„von der Substanz mümmelt es"*) und war höchst entsetzt und erzürnt.

Neuser schreibt: *„Wie stark mußte sein [sc. Luthers] Groll gegen Melanchthon sein, als sich herausstellte, daß der Abendmahlsartikel der ,Kölner Reformation' die lutherische Lehre völlig verschweigt. "[136]* Die bis dahin noch herrschende Übereinstimmung zwischen Luther und Melanchthon zerbrach, denn rückblickend mußte Luther nun erkennen, daß er Melanchthon ausgerechnet an der Frage der Realpräsenz, an dem Punkte, der für ihn so fundamental wichtig war, zu Unrecht Vertrauen geschenkt hatte. Hatte sich doch Melanchthon auch früher schon ganz ähnlich verhalten – und Luther hattee im stets vertraut!

Wie sich Luthers Zorn entlud, schildert Neuser so: *„Luther hatte am 5. August 1544 seine Vorlesung beendet, als ihn Melanchthon aufsucht, um mit ihm über die Befreiung des Nürnberger Freundes Hieronymus Baumgartner zu sprechen. Bei dieser Gelegenheit entlädt Luther in heftigen Worten vor dem ahnungslosen Melanchthon seinen Zorn über den Straßburger Reformator Martin Bucer und die ,Kölner Reformation'. Er sagt: Bucer ,ist ein Plappermaul, geht mir mit seinen Conciliationibus um, aber er soll bei mir aus concilliert* *haben. Er soll mir mit seinen scriptis nicht mehr unter meine Augen kommen. Ich will ihn pro damnato halten'.* Melanchthon solle Bucer Luthers Zorn brieflich mitteilen. *Nach Luthers Zornausbruch - berichtet Hieronymus Besold, der Augenzeuge war - sei Melanchthon völlig verwirrt gewesen. Das ist begreiflich, denn Luthers Zorn richtet sich indirekt auch gegen Melanchthon.*"[137] Auch Lohse schreibt: *„Zwar griff er Melanchthon selbst nicht an; aber es war deutlich, daß dieser von der Kritik mit betroffen war."*[138] Melanchthon hatte ja den Text des „Einfältigen Bedenkens" gebilligt, obwohl er sich im Klaren war, daß Luther ihn nicht billigen würde.

Luthers Zorn entzündete sich daran, daß im „Einfältigen Bedenken" das Wesen des Abendmahls als *„Gemeinschaft des Leibes und Blutes Christi, die uns mit Brot und Wein ausgeteilt wird"*[139] definiert wurde. Damit war der Empfang des Leibes und Blutes Christi an den gläubigen Empfang gebunden, nicht an die bewirkende Kraft des Wortes Christi. Nur vom usus im Sinne Melanchthons bzw. Butzers war die Rede, nicht aber von der Realpräsenz und actio sacramentalis im Sinne Luthers.

Nach dem Urteil des Mediziners Hans-Joachim Neumann[140] darf man diesen Zornausbruch Luthers (ebenso wie auch seine erhöhte Reizbarkeit in seinen letzten Lebensjahren) keineswegs als Ausdruck psychischer Krankheit bewerten. Neumann schreibt: *„Luther war weit entfernt von einer endogenen Psychose, die ja viele allzu gern bei ihm erkennen wollten. Seine Verstimmungen waren für mich ohne Zweifel reaktiver Natur. Es wäre in Kenntnis seiner Krankheitsgeschichte fast ein Wunder gewesen, wenn seine somatischen Leiden psychisch spurlos an ihm vorübergegangen wären. Daß seine Unbeherrschtheiten und Depressionen zumindest in demselben Maße theologische Gründe hatten, wird gern eingeräumt, womöglich behielten sie ständig die Priorität."*[141] Für das Jahr 1544 bescheinigt Neumann Luther – im Gegensatz zu den vorangegangenen und nachfolgenden Jahren - einen relativ guten Gesundheitszustand. *„Waren die Wandlungen in Luthers Verhalten ausschließlich krankheitsbedingt? Oder muß man nicht die theologischen und gesellschaftlichen Faktoren weit höher ansetzen? Floß am Ende nicht das eine in das andere? Die Antwort auf diese Fragen wird immer dort erleichtert, wo die Parallelität von*

Krankheitsausbrüchen und konkreten Entscheidungen Schlußfolgerungen zuläßt und wenn die Beweislage zudem überzeugend ist. "[142] Im vorliegenden Falle dürfte es überzeugend sein, daß Luthers Enttäuschung über Melanchthons Verhalten ursächlich war.

Melanchthon selbst gab am 8. August 1544 in einem Brief an Veit Dietrich[143] einen Bericht von der kritischen Beurteilung des Kölner Reformationsentwurfs durch von Amsdorf und teilte am 11. August auch Joachim Camerarius[144] die Kritik von Amsdorfs mit. Er bezeichnete von Amsdorf dabei als *„Leokrates"[145]* und schrieb, dessen Kritik sei scharf und verleumderisch. Sie sei Luther sogar noch zu milde erschienen. Er höre schon die Glocken zu einem neuen Kampfe läuten. Wenn *„unser Perikles"* [gemeint ist Luther!] darüber zu schimpfen begönne, werde er, Melanchthon, weichen, also Wittenberg verlassen[146]. Von Amsdorf habe am Anfang seiner Zensur zwar zugestanden, daß die Lehre des Buches *„mit unseren Kirchen"* übereinstimme, aber neben der Kritik an der Lehre vom freien Willen verleumde er ihn bezüglich des Mahles des Herrn, über das nicht ausführlich genug gelehrt werde.[147] Er wies von Amsdorfs Kritik zurück, denn das Buch enthalte keinen Irrtum.[148] Er, Melanchthon, rechne aber mit seiner Ausweisung.[149]

Daß Melanchthon in der Abendmahlstheologie nun tatsächlich eine gemeinsame Position mit Butzer eingenommen hatte[150], wird deutlich, wenn man den Text des „Einfältigen Bedenkens" mit seinem Gutachten zu den Thesen von Simon Wolferinus vergleicht. Beide entstanden zur selben Zeit und stimmen inhaltlich überein. Sie geben Melanchthons Überzeugung wieder. Darum konnte sich Wolferinus seiner Sache gegenüber Rauber so sicher fühlen.[151]

Luthers Vertrauen zu Melanchthon war bis dahin so groß gewesen, daß er sich - wenn dieser von auswärtigen Verhandlungen zurückkehrte - stets nur mit einem mündlichen Bericht begnügte. Stets versicherte Melanchthon, er habe Luthers Position vertreten. So konnte er seine wirkliche Auffassung jahrelang vor Luther bemänteln. Tatsächlich war sie – nach Melanchthons Verständnis - in seinen Formulierungen auch *mit* enthalten. Aber gerade solche Zweideutigkeiten lehnte Luther ab. Nun aber hatte er den schriftlich festgelegten Text des „Einfältigen Bedenkens" vor Augen. Formuliert hatte ihn zwar Butzer, aber Melanchthon hatte ihn unverändert mitgetragen. So zerbrach die jahrzehntelange Freundschaft der beiden Reformatoren, nachdem Luther die Methode erkannte, mit der Melanchthon ihn schon lange getäuscht hatte. Von den Lutherbiographen wurde bisher kaum erkannt, daß hierin der Grund für Luthers Ärger lag. Sein Verhalten hatte seinen Grund keineswegs in Launenhaftigkeit oder Altersstarrsinn.

Wie tiefgreifend aber der Bruch war, zeigt die Tatsache, daß beide in den folgenden Monaten es nicht fertig brachten, miteinander zu sprechen.

Der Ausgangspunkt für Luthers Verständnis des Abendmahls sind die Einsetzungsworte „hoc est corpus meum." Dies Wort Christi ist für ihn der unerschütterliche Grund seines Abendmahlsglaubens. Diese Worte will er im Jüngsten Gericht dem Herrn Christus vorhalten: *"Mein lieber Herr Jesu Christe, es hat sich ein Hader über deinen Worten im Abendmahl erhoben. Etliche wollen, daß sie anders sollen verstanden werden, denn sie lauten. Aber dieweil sie mich nichts Gewisses lehren, sondern allein verwirren und ungewiß machen, . . . so bin ich blieben auf deinem Text, wie die Worte lauten. Ist etwas finster darinnen, so hast du es wollen so finster haben, denn du hast keine andere Erklärung darüber gegeben noch zu geben befohlen. . . . Wäre nun eine Finsternis drinnen, so wirst du es mir wohl zu gute halten, daß ich es nicht treffe, wie du deinen Aposteln zugute hieltest, da sie dich nicht verstanden in vielen Stücken, als du von deinem Leiden und Auferstehen verkündigest, und sie doch die Worte wie sie lauten, behielten und nicht anders machten. Wie auch deine liebe Mutter nicht verstund, da du zu ihr sagtest Lucae 2: Ich muß sein in dem, das meines Vaters ist, und Sie doch einfältiglich die Worte in ihrem Herzen behielt und nicht anders draus macht. Also bin ich auch an diesen deinen Worten blieben: Das ist mein Leib etc. und habe mir keine anderen draus machen wollen noch machen lassen, sondern dir befohlen und heimgestellt, ob etwas finster drinnen wäre, und sie behalten wie sie lauten, sonderlich weil ich nicht finde, daß sie wider einen einzigen Artikel des Glaubens streben. Siehe so wird kein Schwärmer mit Christo reden dürfen . . . "* **(WA 26,446 f.).**

Hermann Sasse, Briefe an lutherische Pastoren, Nr. 23, S. 6

Der Wittenbergische S p i e g e l

Neue Zeitung aus Wittenberg
Anno Domini MDXXXXIV

Skandal im Lutherhaus

Aus zuverlässiger Quelle verlautet:

Dr. Martin Luther war aufs höchste erregt und entsetzt, als ihm kürzlich ein von seinem Mitarbeiter, **Professor Dr. Philipp Schwarzerd (alias Melanchthon)** bei einer auswärtigen Konferenz unterschriebenes Dokument vorgelegt wurde. Dies habe Melanchthon unterschrieben, obwohl ihm bewußt gewesen war, daß er dies gegen die ausdrücklichen Weisungen Dr. Luthers tue.

Wie verlautet, hat **Melanchthon** auch in den zurückliegenden Jahren in dieser Weise das Vertrauen D. Luthers mißbraucht. Die Atmosphäre im Lutherhaus sei total vergiftet. Die beiden Herren sprächen privat kein Wort mehr miteinander. Professor Melanchthon habe unter Tränen erklärt, er werde die Konsequenz ziehen und Wittenberg verlassen, wenn Dr. Luther diesen Skandal vor der Öffentlichkeit bekannt mache.

Angesichts dieser Entwicklung sei S. kurfürstliche Gnaden aufs Äußerste besorgt und habe die größten Befürchtungen für das Fürstentum und die Universität geäußert. Kanzler Brück sei veranlaßt worden, bei den beteiligten Professoren schlichtend einzugreifen. Angesichts der politischen Lage sei das Allerschlimmste zu befürchten und das ganze Werk der Reformation gefährdet.

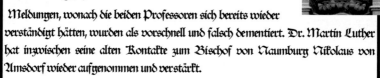

Meldungen, wonach die beiden Professoren sich bereits wieder verständigt hätten, wurden als vorschnell und falsch dementiert. Dr. Martin Luther hat inzwischen seine alten Kontakte zum Bischof von Naumburg Nikolaus von Amsdorf wieder aufgenommen und verstärkt.

Kapitel 3

Nach dem Bruch der Freundschaft

a. Das Eingreifen des Kurfürsten und das „Kurze Bekenntnis"

Jahrzehntelang hatte die enge Zusammenarbeit der beiden Reformatoren bestanden. Nun war das Verhältnis so zerrüttet, daß beide - jeder für sich - bereit waren, Wittenberg zu verlassen, um dem andern aus dem Wege zu gehen. Aber noch waren sie beide in Wittenberg. Wie würde sich ihr zukünftiges Verhältnis gestalten?

Zunächst sprachen sie lange kein Wort miteinander. *„Melanchthon hatte nicht die Freiheit, sich mit Luther offen auszusprechen"*[152], schreibt Scheible. Aber auch Luther sprach offenbar nicht mit ihm. Sein Briefwechsel in dieser letzten Zeit weist zwar einige Schriftstücke auf, die von beiden Reformatoren unterzeichnet bzw. mitunterzeichnet wurden, aber dabei handelt es sich um amtliche Briefe, die nichts über ihr persönliches Verhältnis aussagen. Offenbar verkehrte man nur noch dienstlich miteinander, denn eine offene Aussprache kam nicht zustande.

Luther selbst arbeitete inzwischen intensiv an seiner längst geplanten Schrift zum Abendmahlsthema und widmete sich dieser Aufgabe so intensiv, daß man allgemein fürchtete, nun würde er darin auch Melanchthon öffentlich angreifen und als „Zwinglianer" bloßstellen. Darüber ließ er auch Melanchthon selbst im Unklaren, was dessen Angst noch steigerte, zumal Luther mehrfach äußerte, er wolle nun seine seit langem angekündigte Reise zu von Amsdorf antreten. Dieser hatte sich ja auch früher schon gegenüber Melanchthon kritisch geäußert.

Melanchthon war voller Angst. Bei der Überreichung eines Schriftstücks, das die Züricher Theologen betraf[153], - so berichtete Kanzler Brück - habe Melanchthon den Eindruck gemacht, *„über die Maßen bekümmert und betrübt"* gewesen zu sein. Mit Tränen in den Augen habe er die Befürchtung geäußert, Luther werde in der beabsichtigten Verurteilung der Gegenschrift der Züricher *„weiter greifen denn die*

44

Wittenbergische Concordie mit den Oberländischen gibt"[154], und daß daraus *„eine große Zerrüttung"* nicht nur zwischen den Wittenbergern und den Zürichern, die ja die Konkordie nicht angenommen hätten, sondern auch mit den Oberländischen Prädikanten (wie Wolfgang Musculus zu Augsburg und Martin Frecht zu Ulm) erfolgen werde.

„Das Gerücht eines Bruchs zwischen Luther und Melanchthon ging durch das ganze protestantische Deutschland."[155] Inzwischen war eine politisch neue Situation entstanden: Auf dem Reichstag zu Speyer 1544 waren dem Kaiser Hilfen gegen Frankreich sowie für eine Offensive gegen die Osmanen bewilligt. Als Zugeständnis dafür waren u.a. frühere antiprotestantische Reichsabschiede suspendiert, sowie ein Nationalkonzil in Aussicht gestellt worden. Andererseits hatte Papst Paul III. das ursprünglich in Mantua geplante Konzil nun zum 1. November 1542 nach Trient ausgeschrieben, das später auf den 15. März 1545 verschoben, wurde. (Wirklich eröffnet wurde es erst am 13. Dezember 1545.)

In dieser Situation schrieb Landgraf Philipp von Hesssen am 12.Oktober 1544[156] an den Wittenberger Kanzler Brück, um durch diesen den Kurfürsten zum Eingreifen zu veranlassen, das Folgende: *„... Ihr wollet ... verhüten helfen, daß die, die zur [Wittenberger] Concordie in Sachen des hochwürdiger Sacraments etc gekommen sind, nicht wieder in Zwiespalt geraten, noch zwischen Martino, Philippo und andern Theologen dieses Teils solche Uneinigkeit erwachse, welches gewißlich gemeinem Handel des Evangelii zum höchsten Nachteil gelangen möchte. ... Denn sollt erst zwischen Luthero und Philippo Uneinigkeit erwachsen, Helf Gott! Was würde daraus werden, wie würden die Papisten glorieren und sagen: Wenn ein Reich in ihm selbst uneinig ist, so wird's vergehen."*

Der Kurfürst selbst hatte über Kanzler Brück Kenntnis erhalten, daß Melanchthon für sich persönlich fürchtete, von Luther in der beabsichtigten Schrift als halber Zwinglianer hingestellt zu werden. Eine Entzweiung zwischen Luther und Melanchthon konnte der Kurfürst aber auf keinen Fall hinnehmen, denn diese mußte die schlimmsten

Folgen haben.

Der Kanzler Brück selbst glaubte zwar nicht daran, daß Luther dies wirklich tun würde, denn auf Befragen habe Luther es in Abrede gestellt, aber sicher war der Kanzler sich auch nicht. *„Um zu zeigen, daß wenigstens der Hof keinerlei Verdacht gegen Melanchthon hege, gab er den diplomatischen Rat, den man befolgte, einen Hirsch an Luther u n d Melanchthon zu schicken."*[157].

Der Kurfürst seinerseits schrieb an Brück: *„Sollte Luther Philippum namhaftig angreifen, was der Allmächtige mit Gnaden abwenden und verhüten wolle, so können wir leichtlich und wohl erachten, wozu es gereichen und geraten wollte, sind demnach gnädiglich geneigt, zu Förderung und Ausbreitung von Gottes Wort, auch Erhaltung unserer Universität alles das zu tun und vorzuwenden lassen, was zu gänzlicher und vollkommlicher Abstellung dieses Mißverstands dienstlich sein könne. ... und begehren gnädiglich, Ihr wollt als für Euch (aus eigener Initiative, privatim), oder aus unserm Befehl, wie Ihr solchs als das Beste und Angemessenste ansehen werdet, mit Dr. Martino gelegentlich ... folgende Anzeige tun: Wir würden glaublich berichtet, als sollt er itzo in der Arbeit stehen, ein Buch wider die Sacramentierer zu schreiben, was wir uns ganz wohl gefallen ließen, sähen es auch gnädiglich gerne. **Aber daneben käme uns auch zu Ohren, als sollte er Mag. Philippum Melanchthon etzlichs angegebenen Verdachts halben in solchem Buch namhaftig anziehen wollen, worüber wir, wo dem so wäre, wahrlich sehr bekümmert sein würden; ... Was für Freude und Frohlockung auch die Widersacher, da es ihnen zu Gehör käme,** darob haben und schöpfen würden, desgleichen was für ein Ärgernis und böses Nachreden dem göttlichen Wort daraus erfolgen würde, das stünde und wäre leichtlich zu ermessen. **Zudem würde es auch, und da sich irgenwelche Absonderung (Secessio) zutrüge, zu gänzlichem Untergang und Fall unserer Universität zu Wittenberg gereichen. Darum wäre unser gnädiges Begehren, er wollte solchs von uns nit anders denn gnädiglich und im Besten gemeint vermerken und den Philippum in seinem Buche namhaftig anzuziehen ver-***

schonen, sondern, da er Ursachen zu ihm habe, dieweil er zweifel-
haftig hielte, daß er in dem, was die Lehre vom Sakrament belange,
den Zürichern oder andern anhinge, ihn zu sich erfordern und allein
christlich und väterlich ermahnen; wir wollten uns gänzlich verse-
hen, er würde sich christlich und aller Billigkeit finden und weisen
lassen. "[158]

Es bedurfte also des entschlossenen Eingreifens des Kurfürsten, um
Luther von dem befürchteten Vorhaben abzubringen und die Gefah-
ren abzuwenden, die dadurch für das Kurfürstentum und die Universität, ja für das Reformationswerk überhaupt, hätten entstehen können.

Luther blieb nichts anderes übrig als zu gehorchen. Melanchthon
wurde im „Kurzen Bekenntnis" namentlich nicht erwähnt. Nicht in
einem persönlichen Gespräch erfuhr Melanchthon, daß Luther ihn im
„Kurzen Bekenntnis" schließlich doch nicht bloß stellte, sondern erst
durch die Lektüre des Buches selbst. Die Zeit des Wartens bis dahin
muß für Melanchthon ein qualvolles Fegefeuer gewesen sein. Aber
Luthers Enttäuschung über Melanchthon war so groß, daß er ihn die
ganze Zeit im Ungewissen ließ.

Man atmete auf, daß die Schrift wenigstens die der Wittenberger
Konkordie Angeschlossenen nicht verletzte. Vor allem hatte man den
Streit im eigenen Lager befürchtet und darüber die größten Sorgen
gehegt. Zuvor hatte Cruciger an Veit Dietrich von einer Bekenntnis-
formel geschrieben, die Luther vorbereite, und die alle unterschreiben müßten; wer nicht unterschreibe, würde nicht in Wittenberg bleiben können[159].

Luthers Absicht zu einer neuen Schrift zum Abendmahlsthema war
nicht neu gewesen. Schon im Januar 1543 hatte er überlegt, ob er
über die Elevation etwas veröffentlichen solle; er hatte sich aber damals dagegen entschieden, aber im April 1544 stand sein Entschluß
fest. Ihn bewogen inzwischen neben den nicht abreißenden Anfragen
wegen der Abschaffung der Elevation in erster Linie die neue Aus-
einandersetzungen mit den Schweizern und mit Caspar Schwenck-

feld[160]. Darauf beschränkte er sich nun und nahm dann - wie bereits vermerkt [161] - noch einmal zum Thema Elevation Stellung.

Aber dennoch war klar, wer sich von Luther getroffen fühlen mußte: Vor allem Melanchthon und Butzer. Er widmete sich in dieser Schrift zwar ausführlich der Person Zwinglis - der inzwischen längst verstorben war - und dessen Anhängern, aber sie galt allen, die Luther pauschal als „Zwinglianer" zu bezeichnen pflegte. Getroffen fühlen mußten sich nach den letzten Ereignissen also vor allem diejenigen, die er in dieser Schrift zwar nicht namentlich erwähnte, die er aber jetzt - 1544 - als *„Zwinglianer"* ansehen mußte.

Was Köhler richtig gesehen hat, ist dies, daß das Zwinglische „Sakrament" eine Handlung des Menschen ist, während für die katholische Kirche wie für das Luthertum im Sakrament nicht der Mensch, sondern Gott handelt, und der Mensch immer der Empfangende bleibt. Das „mysterium tremendum", das Köhler den Lutheranern zuschreibt, gehört zum Wesen der Eucharistie und läßt sich von dem „mysterium fascinosum", wie Rudolf Otto es nennen würde, nicht trennen. Durch alle Liturgien von der Urkirche an (vgl. Offb. 4) klingt die große Freude über das Werk der Erlösung im Kreuzestod Christi. Man kann es kaum verstehen, wie selbst ein Liturgieforscher wie Hans Lietzmann die Feier in Jerusalem mit ihrem Jubel mit der Feier der paulinischen Gemeinden und deren Betonung des Opfertodes des Herrn hat kontrastieren können. Beides, die Verkündung des Todes des Herrn und die frohe Erwartung seiner Ankunft in die Herrlichkeit, gehört doch zusammen.

Hermann Sasse, Corpus Christi S 32

b. Die Zeit bis zum Tode Luthers

Die heftige Erregung, aus der heraus Luther am 5. August 1544 Melanchthon seine Vorhaltungen wegen des „Einfältigen Bedenkens" gemacht hatte, ist nur aus der großen Enttäuschung über Melanchthon zu erklären. Kurz zuvor hatte Luther ja feststellen müssen, daß hinter den Thesen, für die sich Wolferinus auf Melanchthon berief, die gleiche Haltung stand wie die, die Melanchthon im Zusammenwirken mit Butzer gezeigt hatte. Dazu mußte Luther nun rückblickend auch einsehen, daß - wie von Amsdorf gewarnt[162] - Melanchthon diese Haltung auch zuvor schon eingenommen hatte. Er mußte erkennen, daß sein unbegrenztes Vertrauen zu Melanchthon im Hiblick auf dessen Versicherung, er habe die Realpräsenz im Sinne Luthers vertreten[163,] unberechtigt gewesen war, - wie etwa bei den Kasseler Gesprächen, die zur Wittenberger Konkordie führten und bei den Änderungen im Text der Confessio Augustana (Variata).

Noch kurze Zeit zuvor hatte Luther Wolferinus erklärt: „*Ich weiß, daß dies* [sc. was Wolferinus vertrat] *Melanchthon nicht meint.*"[164] Aber nun hatte er mit dem Text des „Einfältigen Bedenkens" den Gegenbeweis in Händen. Daß Melanchthon den Text Butzers ungeändert übernommen hatte, konnte – so mußte er nun erkennen - also nicht Folge eines Irrtums oder einer Unaufmerksamkeit gewesen sein. Der Verdacht, den er mit den Worten „*Unsere Professoren müssen über das Abendmahl des Herrn examiniert werden*" äußerte, bestätigte sich ausgerechnet bei dem, dem er es am wenigsten zugetraut hatte: Melanchthon.

Eine differenziertere Haltung gegenüber Melanchthon hatte dagegen schon immer Luthers alter Freund und Kampfgenosse Nikolaus von Amsdorf eingenommen. Mit diesem war Luther seit langem verbunden. Als Luther 1508 nach Wittenberg gekommen war, war von Amsdorf schon einige Jahre zuvor dort gewesen. Schon seit dieser Zeit bestand ihre Freundschaft.[165] Mehrfach hatte Luther sich ausdrücklich von Amsdorf Beurteilungen erbeten und darauf offenkundig großen Wert gelegt. In zunehmendem Maße hatte Luther in ihm einen peinlich getreuen Verfechter seiner eigenen theologischen Auffassungen gesehen.

Daß von Amsdorf sich in umstrittenen theologischen Fragen gelegentlich sogar konsequenter und schroffer verhielt als Luther selbst und vermittelnde Positionen ablehnte[166], hat das Verhältnis der beiden Männer zueinander in keiner Weise beeinträchtigt. Schon bei den Ausgleichsbemühungen der Wittenberger mit den Oberdeutschen hatte von Amsdorf eine ablehnende Haltung eingenommen und sich konsequent geweigert, die "Wittenberger Konkordie" zu unterschreiben.[167] Leder urteilt über die Verbundenheit Luthers mit von Amsdorf: *„In die Tiefendimensionen der Freundschaft zwischen Luther und von Amsdorf führen vor allem die zahlreichen Zeugnisse für ihr starkes Zusammengehörigkeitsgefühl, die vertrauensvolle einander entgegengebrachte Anhänglichkeit und die gegenseitige seelsorgerliche Ermunterung, mit der sie sich in schwierigen Situationen beistanden."*[168]

Leder schreibt weiter: *„Luther scheint die Unerbittlichkeit und die außerordentliche Konsequenz, mit der von Amsdorf auf der gemeinsamen Lehre beharrte, als eine willkommene Bestätigung seiner eigenen Position und als Bekräftigung seiner sich im Alter weiter ausprägenden Unversöhnlichkeit gegenüber Abschwächungen oder Gefährdungen seiner Anliegen und Zielsetzungen gewertet zu haben."*[169]

Nikolaus v. Amsdorf

Die lebenslange Freundschaft mit dem gleichaltrigen Kampfgenossen von Amsdorf erwies sich somit als zuverlässiger als die Freundschaft mit dem vierzehn Jahre jüngeren Gelehrten Melanchthon. Nun, nachdem das Vertrauen zu Melanchthon zerstört war, wurde von Amsdorf wieder die wichtigere Bezugsperson für Luther . Um so weniger verwunderlich ist es, daß es Luther nun[170] drängte, die schon lange geplante Reise zu von Amsdorf anzutreten.

Es war für ihn sehr tröstlich, daß er vom 14. bis 25. August 1544 bei von Amsdorf in Zeitz weilen konnte. (Er weihte ihn damals zum Bischof von Naumburg.) Bei ihm fühlte er sich so geborgen, daß er keine Lust mehr hatte, nach Wittenberg zurückzukehren. Im Juli/August 1545 besuchte er von Amsdorf ein weiteres Mal in Zeitz. Inzwischen war er so krank, daß er sein Lebensende nahen fühlte. Geplagt durch mancherlei Ärger und Anfechtungen äußerte er wieder, am liebsten gar nicht mehr nach Wittenberg zurückkehren zu wollen und teilte in einem bewegenden Brief seiner Frau Käthe testamentarische Verfügungen mit. Er kehrte aber dann doch wieder nach Wittenberg zurück.

Kurz vor Luthers Tod kamen auf Melanchthon noch zwei Anlässe zu, bei denen er sich zu Fragen des Altarsakraments äußern mußte: Die Erstellung der sog. *„Wittenberger Reformation"* und die endgültige Entscheidung im Disziplinarfall des Kaplans Besserer.

Die *„Wittenberger Reformation" war* ein Dokument, das der Reichstag zu Speyer im August 1544 vom Kurfürsten für Verhandlungen über *„eine christliche Vergleichung Reformation der Religion halber"* angefordert hatte. Die Ausarbeitung (in deutscher und lateinischer Ausfertigung) wurde Melanchthon übertragen Im Abendmahlsartikel fällt darin auf, daß Melanchthon die *„Nihil-habet-Regel"[171]*, die ihm doch früher immer so wichtig gewesen war[172] und an deren unterschiedlicher Interpretation die unterschiedliche Sakramentsauffassung der beiden Reformatoren zutage getreten war, nicht mehr erwähnte. Luthers Schelte über sein Verhalten bei der Erarbeitung des „Einfältigen Bedenkens" hatte offensichtlich gewirkt.

Der zweite Anlaß erschien anfänglich als eine Lehrfrage, entpuppte sich dann aber als eine Disziplinarfrage[173]. Als Luther im Dezember 1545 vom Verhalten des Kaplan Besserers (*"von einem, der die gesegnete und ungesegnete Hostie für eine hielt"[174]*) erfuhr, sah er hierin spontan eine Parallele zum Fall des Eislebener Pfarrers Wolferinus[175] und damit auch darin die Gefahr des Zwinglianismus gegeben. *„Möge er zu seinen Zwinglianern gehen!"[176]* lautete sein Urteil. Die folgenden Verhandlungen ergaben jedoch, daß es sich bei Besserer um einen unerfahrenen jungen Mann handelte, der aus Unbesonnenheit wenig sorgfältig und leichtfertig mit dem Sakrament umging.

Eine Revision des Urteils, die dann auch erfolgte, war somit nötig. Jahre später war diese Änderung des ersten spontanen Urteils Luthers möglicherweise (durch Verwechslung) Ursache für die sog. *„Heidelberger Landlüge"*[177].

Es ist der Welt ein Rätsel, daß die Kirche lebt, obwohl sie immer dasselbe predigt. In Wirklichkeit lebt sie ja davon, daß sie immer dasselbe predigt, nämlich der Apostel Lehre. Denn diese Lehre ist ja das ewige Wort Gottes an alle Menschen, an alle Völker, an alle Zeiten. Es ist das Evangelium von Jesus Christus, dem ewigen Gottessohn, der um uns Menschen und um unser Seligkeit willen vom Himmel gekommen und Mensch geworden ist. Der für unsere Sünden gestorben, der um unserer Gerechtigkeit willen vom Tode auferstanden ist, der zur Rechten des Vaters sitzt, dessen Reich kein Ende haben wird. Es ist das Zeugnis von dem fleischgewordenen Wort Gottes. In diesem Zeugnis, in dem schlichten Wort der Apostel, in der schlichten Predigt der Kirche ist ja Christus, das ewige Wort, selbst gegenwärtig. Darum lebt die Kirche davon.

Hermann Sasse, Zeugnisse. Seite 110

c. Aussöhnung?

Für die weitere Zusammenarbeit der beiden Reformatoren war es - vor allem auch für den Kurfürsten - wichtig, einen modus vivendi zu finden. Bernhard Lohse schreibt, es sei Anfang Oktober 1544 zu einem theologischen Gespräch zwischen Luther und Melanchthon gekommen. Er behauptet, es *„wurde hier deutlich, daß Melanchthon die Gegenwart Christi im Abendmahl nicht als an die Elemente Brot und Wein gebunden denkt, sondern auf das ganze Abendmahl bezieht."*[178] Lohse stützt sich damit auf einen Brief Melanchthons an Mykonius[179]. Allerdings ist darin von einem *„theologischen Gespräch"* gar nicht die Rede und Lohses Schlußfolgerung falsch, wenn er urteilt, *„Luther ließ Melanchthons Meinung doch gelten. Es scheint, daß er gegenüber seinem Freunde etwas großzügiger war als gegenüber anderen."* Tatsächlich schrieb Melanchthon an Myconius lediglich, daß er Luther gegenüber seine eigene Meinung zum Ausdruck gebracht habe, und dies habe Luther zufrieden gestellt. Doch gerade darüber war Melanchthon selbst sich keineswegs sicher, denn er betonte zugleich, wenn dies nicht der Fall sei, werde er emigrieren.

Wie Luther seinerseits Melanchthons Worte aufnahm, ist nicht berichtet. Daraus kann man nur schließen, daß Luther diese Worte Melanchthons lediglich stillschweigend – d.h. ohne Zustimmung - hinnahm.[180] Angesichts der allgemeinen Lage – noch dazu auf Grund des kurfürstlichen Drängens zu weiterer Zusammenarbeit – blieb ihm ja nichts anderes übrig als Melanchthons Haltung resignierend zur Kenntnis zu nehmen.

In dieser Zeit war die Entzweiung der beiden Reformatoren total. In der Lutherliteratur wird dies meist übersehen. Es handelte sich aber nicht nur um eine zeitweilige Verstimmung. Die Tatsache, daß von Amsdorf in dieser letzten Lebenszeit Luthers an Stelle Melanchthons zur wichtigeren Bezugsperson geworden war, zeigt, zeigt, wie tief das Vertrauensverhältnis zwischen den beiden Reformatoren gestört war.

Freilich ist es nicht zu einer *endgültigen* Trennung gekommen und Luther hat sich *nicht öffentlich* von Melanchthon distanziert. Aber dennoch waren die Unterschiede, die Luther nach der Lektüre des

„Einfältigen Bedenkens" bekannt wurden, von fundamentaler Bedeutung. Das geht schon daraus hervor, daß beide bereit gewesen waren, Wittenberg zu verlassen, um damit dem anderen das Feld zu überlassen. An der Frage der Realpraesenz, dem Punkte, der für Luther unaufgebbar war, war das Vertrauen zu Melanchthon zerbrochen. Dies konnte Luther nicht dulden. Wenn dagegen Scheible schreibt: *„Die Unterschiede waren aber für Luther tolerabel, denn sie bewegten sich im Rahmen der Wittenberger Konkordie"*[181] muß dies als eine unbegründete Spekulation zurückgewiesen werden, zumal von der Wittenberger Konkordie zu dieser Zeit gar keine Rede war.

Daß es keiner von beiden zu einem öffentlichen Eklat kommen ließ, muß man eher als ein Zeugnis des Respektes sehen, den sie auch in ihrer Entzweiung gegen einander empfanden. Nur der Respekt vor der großen Gelehrsamkeit und dem diplomatischen Geschick Melanchthons erklärt die große Vertrauensseligkeit, die Luther ihm gegenüber bis 1544 entgegenbrachte. Und ebenso ist es auch der große Respekt Melanchthons vor der 14 Jahre älteren Reformatorenpersönlichkeit Luthers, der sein zwiespältiges Verhältnis zu diesem erklärt.

Gerade dieser Respekt wird es auch gewesen sein, der sie schließlich persönlich wieder näher brachte. Scheible schreibt:[182] *„Mehr als im beruflichen Alltag konnten Luther und Melanchthon auf gemeinsamen Reisen miteinander sprechen, und dabei verlautet nichts von Differenzen. Zweimal begleitete Melanchthon Luther zu den Schlichtungsverhandlungen der Grafen von Mansfeld. Das dritte Mal blieb er zu Hause. Deshalb führten die beiden Reformatoren in den letzten Tagen einen regen Briefwechsel."*

Es ist bewegend, zu lesen, daß es nach den geschilderten Ereignissen und angesichts des nahenden Todes Luthers doch noch zu einer persönlichen Annäherung der beiden Reformatoren kam. In seinem letzten Briefe, der - da er das Datum des Todestages Luthers trägt - den Empfänger nicht mehr erreichte, bedankte sich Melanchthon ausdrücklich: *„Ehrwürdiger Doctor und liebster Vater! Ich sage Euch Dank, daß ihr mir so oft und so liebevoll geschrieben habt!"* Er war sich wohl dessen bewußt, daß diese versöhnliche Haltung Luthers ihm gegenüber alles andere als selbstverständlich war.[183]

Nur der hat Luther verstanden, der ihn so versteht als den Reformator der ganzen Kirche. Nur der vermag das Vermächtnis zu begreifen, das er hinterlassen hat, der weiß, daß dies Vermächtnis der ganzen Christenheit auf Erden gilt. Denn wenn Luther wirklich, wie er meinte und wie die evangelische Kirche glaubt, mit seiner Entdeckung der seligmachenden Wahrheit von der Rechtfertigung des Sünders allein durch den Glauben nichts anderes getan als das heilige Evangelium wieder ans Licht gebracht hat, dann hat ja seine Entdeckung eine so universale Bedeutung wie das Evangelium selbst.

Er hat diese seine Botschaft noch einmal ausgesprochen in den letzten Zeilen, die wir von seiner Hand besitzen, auf einem Zettel vom 16. Februar, den man nach seinem Tode fand. Diese seine letzte Aufzeichnung, in lateinischer Sprache geschrieben, redet von der unergründlichen Tiefe der Bibel: "Den Vergil in seinen Bucolica und Georgica kann niemand verstehen, er sei denn fünf Jahre Hirte oder Ackermann gewesen. Cicero in seinen Briefen versteht niemand, er hab sich denn zwanzig Jahre in einem bedeutenden Staatswesen betätigt. Die heilige Schrift meine niemand genügend gekostet zu haben, er habe denn hundert Jahre mit den Propheten Gemeinden regiert." Die Aufzeichnung schließt mit dem Satz: "Wir sind Bettler: das ist wahr." Dabei sind die Worte "Wir sind Bettler" dadurch hervorgehoben, daß sie in deutscher Sprache geschrieben sind.

So feiern wir denn dies Jahr das Reformationsjubiläum in großer Sorge um das Schicksal der lutherischen Reformation, deren Botschaft unsere Kirche an die ganze Christenheit auszurichten hat. Aber ist jemals eine der großen Jubiläumsfeiern der Reformation anders gefeiert worden? Wie sahen Welt und Kirche im Jahre 1617 aus, als der Dreißigjährige Krieg vor der Tür stand? Wie in den Jahren 1667, 1717, 1817 und 1917 ? Hat man jemals das Reformationsjubiläum anders feiern können als mit dem heiligen "Dennoch" des 46. Psalms? "Dennoch" soll die Stadt Gottes fein lustig bleiben mit ihren Brünnlein, da die heiligen Wohnungen des Höchsten sind!" Mit diesem Dennoch des Glaubens blicken wir in die Zukunft und überlassen es Gott, was er in seinen unerforschlichen Gerichten und in seiner unermeßlichen Barmherzigkeit aus unserer Kirche in den nächsten 50 Jahren werden läßt.

Hermann Sasse, vor dem Reformationsjubiläum 1967,
in „In statu confessionis" Bd. 2, S. 148

Kapitel 4.

Kirchengeschichtliche Folgen

a. Gnesiolutheraner und Philippisten

Nach Luthers Tod blieb Melanchthon die führende Gestalt der von Wittenberg ausgehenden Reformation. Als dem *„Praeceptor Germaniae"* zollte man ihm hohe Autorität. Nun, da er Luthers Reaktionen nicht mehr befürchten mußte, bemühte er sich um so zielstrebiger, seinen Kurs des Ausgleichs mit den Oberdeutschen und den Schweizern weiter zu führen. Ärgerlich war ihm dabei, daß es Theologen gab, die in manchen Fragen nicht seinem, sondern Luthers Kurs folgten. Zwei Beispiele seien hierfür genannt: Das „Wormser Kolloquium" von 1557 und der Streit um Albert Rizäus Hardenberg in Bremen 1560.

Das „Wormser Kolloquium" gilt als der letzte (leider fruchtlose) Versuch, eine Verständigung zwischen der papsttreuen Partei und der sich von dieser trennenden oder bereits getrennten reformatorischen Seite herbeizuführen. Der zwei Jahre zuvor verabschiedete *"Augsburger Religionsfrieden"* war nämlich nur den sog. *"Augsburger Confessionsverwandten"* zugestanden worden, d.h. denjenigen, die sich zum unveränderten Augsburger Bekenntnis bekannten. Die sog. "Täufer und Sakramentierer", aber auch Zwinglianer und die damals noch nicht zahlreichen Anhänger Calvins, blieben damit außerhalb des Religionsfriedens. Trotz dieser klaren Abgrenzung versuchten aber auch andere, die in dieser oder jener Hinsicht Lehrabweichungen von der Confessio Augustana aufwiesen, sich als "Augsburger Confessionsverwandte" auszugeben, um damit reichsrechtliche Anerkennung zu erlangen. Die Alternative war: Entweder im Interesse eines gegenüber Kaiser und Papst politisch möglichst starken Bündnisses den Begriff *"Augsburger Confessionsverwandte"* sehr weit zu fassen, wie es Melanchthon anstrebte, oder aber eine im Sinne Luthers und der ungeänderten Confessio Augustana von 1530 auf Gottes Wort gegründete lehr- und bekenntnismäßig einheitliche Kirchengemeinschaft zu erzielen.

Die Lutheraner, unter ihnen nicht zuletzt der Braunschweiger Superintendent Joachim Mörlin[184], versuchten 1557 vor Beginn des Wormser Kolloquiums eine Einigung der *"Augsburger Confessionsverwandten"* und die Zurückweisung derjenigen zu erreichen, die sich
lehrmäßig nicht in Übereinstimmung mit der Confessio Augustana
befanden. Aber nach langem Hin und Her wurden die Lutheraner -
nicht zuletzt auf Melanchthons Initiative hin - von der Sitzung ausgeschlossen.

In dieser Zeit schwelte bereits der Streit zwischen dem zwinglianisch
gesinnten Bremer Domprediger Albert Rizäus Hardenberg und den
dortigen lutherischen Predigern. Zwischen Hardenberg und Melanchthon entwickelte sich ein intensiver Briefwechsel, in dem Hardenberg Melanchthon um Rat bat und zu aktivem Einschreiten auffor-
derte. Melanchthon ließ es nicht bei Ratschlägen und Interventionen
bewenden. Seit dem Wormser Kolloquium hatte er seine Zurückhal-
tung zunehmend aufgegeben und die gegen ihn gerichtete Kritik mit
unverhüllter Polemik erwidert. Schließlich teilte er Hardenberg mit,
wenn die Disputation beschlossen sei, möge er durchsetzen, daß auch
er selbst eingeladen werde.

Aber bevor dann das geplante Kolloquium stattfinden konnte, bei
dem er Hardenberg zur Seite treten sollte, war Melanchthon am 19.
April 1560 in Wittenberg verstorben. Dadurch kam es doch nicht zu
der Sensation, daß er als Haupt der Wittenberger Reformation im
Verein mit Schweizer Theologen den Kampf gegen die Vertreter der
Position Luthers auftrat. Nur der Tod hatte ihn daran gehindert.

Diese zwei Beispiele mögen genügen, um zu zeigen, wie sich damals
diese zwei Parteien herausbildeten: auf der einen Seite die sog.
„Gnesiolutheraner"[185], die Martin Luther folgten, und auf der anderen
die „Philippisten", die Melanchthon folgten. Die Grenzen zwischen
beiden waren freilich fließend. Auch beschränkten sich die zwischen
ihnen ausgefochtenen - teilweise unerquicklichen - Auseinanderset-
zungen keineswegs nur auf das Sakramentsthema.[186] Melanchthon
konnte daher seine Autorität als „Praeceptor Germaniae" keineswegs
ungetrübt genießen, da er sich immer wieder gegen die stellte, die

das Erbe Luthers weitertrugen. Kurz vor seinem Tod beklagte er noch die *„rabies theologorum"*[187], wie er die Proteste und Einwendungen seiner Kontrahenten nannte. Aber schon Harnack urteilte: *„Er kam unter das Gericht der Kirche, die er selbst als Schule großgezogen hatte.* **Er selbst hatte die rabies theologorum veranlaßt.**"[188]

Die folgenden Zeiten waren durch ein Doppeltes gekennzeichnet: Auf der einen Seite ist dies (bis zu den ersten Jahrzehnten des 18. Jahrhunderts) das Zeitalter der lutherischen Orthodoxie, das zum Aufblühen der gottesdienstlichen Frömmigkeit und zur Festigung lutherischen Kirchenlebens führte, auf der anderen Seite ist diese Zeit gekennzeichnet durch das Vordringen der „zweiten Reformation"[189] (des Calvinismus), gefolgt von den glaubenszerstörenden Epochen des Rationalismus und der Aufklärung, die u.a. den Verlust der lutherischen Messe mit sich brachten.

Was die Verfasser der Leuenberger Konkordie nicht gemerkt haben, ist die Tatsache, daß der Gegensatz zwischen Luther und Zwingli, zwischen Lutherischer und Reformierter Kirche überhaupt nicht zu verstehen ist, wenn man nicht den großen ökumenischen Zusammenhang sieht, in dem allein das Sakramentsproblem zu verstehen ist. Es sollte doch im Zeitalter des Ökumenimus nicht vergessen werden, daß es auch katholische Kirchen gibt und daß die übergroße Mehrzahl aller Christen in der Welt glaubt und in dem Glauben feststeht, daß die konsekrierten Elemente im Hl. Abendmahl wirklich - nicht nur figürlich - der wahre Leib und das wahre Blut des Erlösers sind. Es könnte ja sein, daß das, wofür die Lutherische Kirche in dieser Frage eintritt, gar keine spezifisch lutherische Lehre ist, sondern die einhellige Lehre der heiligen katholischen Kirche.

Hermann Sasse, Corpus Christi, S 147

„Über der lutherischen Messe lag die Faszination des Heiligen, die dem Realpräsenzglauben Luthers entspricht ..." (siehe S.64)

Gemälde vom Otto Wagenfeldt um 1650, ehemals in der St. Jakobikirche Hamburg,
Foto: Michael Dose

b. Vergessen: Lebendige Orthodoxie

Die sog. „lutherische Orthodoxie" - die Epoche der der Reformation nachfolgenden Generationen - tat alles, um das Erbe Luthers zu sichern und die Kirche in gemeinsamen Bekenntnis zu einen. Durch einige hervorragende gnesiolutherische Theologen, vor allem den Braunschweiger Superintendenten Martin Chemnitz wurde in den Jahren 1574 bis 1580 das „Konkordienbuch" erarbeitet[190], in dem die lutherischen Bekenntnisschriften als Lehrgrundlage der Kirche enthalten sind. Dieses Werk diente der Einigung und inneren Festigung des Luthertums, zugleich aber auch der Abwehr des sich mehrenden Einflusses calvinistischer und schwärmerischer Strömungen. Das Konkordienbuch ist nicht das Sonderbekenntnis einer Konfessionskirche, sondern beansprucht Lehre und Glauben der einen heiligen und katholischen Kirche darzulegen, die gemäß Confessio Augustana (Art. VII) *alle Zeit und überall* - also nicht an die Grenzen einer Konfessionskirche gebunden! - da ist, wo das Evangelium rein gepredigt und die heiligen Sakramente dem Evangelium gemäß gereicht werden. Darin ist der Anspruch begründet, in der Kontinuität der einen heiligen katholischen und apostolischen Kirche zu stehen.

Nur selten wird heutzutage das Wort Orthodoxie ohne das Adjektiv „tot" ausgesprochen. Aber die Redensart vom Zeitalter der angeblich „toten Orthodoxie" läßt vergessen, daß damals in den lutherischen Gotteshäusern tatsächlich ein höchst lebendiges geistliches Leben herrschte. Es war weithin durchaus nicht eine „tote", sondern eine geistlich sehr lebendige Orthodoxie, die ja bis heute in den Glaubenszeugnissen so vieler damaliger Christen nachwirkt. Stellvertretend für viele andere seien nur die beiden Namen Paul Gerhard und Johann Sebastian Bach genannt. Ihre Frömmigkeit half den Menschen – und den Generationen danach - die Nöte ihrer Zeit - vor allem des 30-jährigen Krieges – in getrostem Glauben durchzustehen. Sie sind bis heute Zeugen der tiefen und innigen Christusfrömmigkeit, die in der lutherischen Orthodoxie verwurzelt war. Mit ihrem Lebenswerk bezeugen sie zugleich die große Frömmigkeit und Innigkeit, mit der der Gottesdienst zur Zeit der lutherischen Orthodoxie gefeiert wurde. Die Verwurzelung und Eingliederung der Kirchenmusik dieser Zeit in die Feier der lutherischen Messe ist bisher kaum hinreichend gewürdigt worden.[191] Aber die vielen Kantaten, Motetten, Choräle u.a. aus dieser Zeit sind und bleiben Glaubenszeugnisse der lutherischen Orthodoxie, ebenso eine große Anzahl von Andachts- und Gebetbüchern, die damals entstanden.

„Die lutherische Frömmigkeit des 16. und 17. Jahrhunderts betätigte sich größtenteils in einem öffentlichen Gottesdienst, der hervorgewachsen war aus mittelalterlich-katholischer Gottesdienstübung. Die einzelnen Stücke des Gottesdienstes brauchten zu Luthers Zeit nicht erst neu gelernt zu werden, sondern man fand sich imstande sie aus gewphnter Übung zu handhaben, ein Beweis für die volkspädagogische Macht der alten Kirche auf dem Gebiet der Liturgie." - schreibt Ernst Strasser.[192]

So fand die Festigung in der Lehre, die durch das Konkordienbuch geschaffen wurde, ihre Erfüllung in der Verlebendigung und Vertiefung des kirchlichen Lebens. Wie sich dies zur Zeit der lutherischen Orthodoxie entfaltete, möge das Beispiel meiner Heimatstadt Braunschweig zeigen, wie es aus dem Urteil des Braunschweiger Kirchenhistorikers Johannes Beste (+ 1928) hervorgeht. Er schrieb über die Tätigkeit der beiden Braunschweiger Stadtsuperintendenten Joachim Mörlin und Martin Chemnitz:

"Wie hatte sich doch unter Mörlin und Chemnitz das religiös-kirchliche Leben so blühend entfaltet! Wie strömten die Volksmassen in die Gotteshäuser! Bald waren die großen, herrlichen Braunschweiger Kirchen zu enge; die unschönen Emporen mußten überall angelegt werden. Dazu war die Zahl der Gottesdienste beständig im Wachsen begriffen. Die Gemeinden lebten und webten in dem wiedergefundenen Gotteswort. Die Geistlichen fühlten sich von Beterhänden gehoben und getragen; ihr kräftiges Zeugnis fand ein reiches, helles Echo, dadurch wuchs ihr Mut und ihre Freudigkeit. Das evangelische Kirchenlied erklang in den Häusern und auf den Gassen, daß die Alten sich immer tiefer in die heilsame Lehre hineinsangen, während die Jugend aus Luthers kleinem Katechismus die einfache, und

doch so unergründliche und tiefsinnige Wahrheit des Himmelreichs lernte. Es war doch eine wunderbare Zeit, als die Prediger des orthodoxen Luthertums das Vertrauen ihrer Mitbürger voll und ganz besaßen, als das weltliche Regiment, weit entfernt, die Freiheit und Selbständigkeit der Geistlichen zu beschränken, sich vielmehr oftmals auf ihren Einfluß stützen mußte. Die Geistlichen waren im besten Sinne Hirten des Volkes, die Kirche war eine Volkskirche, das Wort Gottes eine Macht, der sich jeder, auch der im innersten Herzen Zweifelnde, in Ehrfurcht beugen mußte."

Als Nachfolger Joachim Mörlins, der 1571 als Bischof von Samland (Königsberg) starb, wirkte in Braunschweig Martin Chemnitz. Er übertraf Mörlin an Bedeutung noch weit. Deshalb nannte man ihn den *„zweiten Martin"*[193] nach Martin Luther, weil er nicht nur Luthers Position wahrte, sondern sich auch mit außerordentlicher Gelehrsamkeit[194] mit den Beschlüssen des Tridentinischen Konzils auseinandersetzte und sie kommentierte. Er erwarb sich überkonfessionelle Anerkennung. Beide, Joachim Mörlin und Martin Chemnitz, sind am Chorgestühl der Braunschweiger Brüdernkirche abgebildet.

Dieses Chorgestühl ist mit seinen aus dem Reformationsjahrhundert stammenden Gemälden ein einzigartiges Zeugnis für das Selbstverständnis des orthodoxen Luthertums. Mehr als vierzig „Väter der Kirche" sind auf ihnen dargestellt. Ihre Reihe beginnt mit Ignatius von Antiochien, Polykarp von Smyrna, Justinus Martyr und führt über die altkirchlichen Väter Athanasius, Hieronimus und Chrysostomus u.a. - auch Papst Leo der Große ist dabei - sowie Kirchenväter des Mittelalters, z.B. Anselm Canterbury und Bernhard von Clairvaux, bis hin zu Luther und Bugenhagen, sowie zu lutherischen Theologen des 16. Jahrhunderts. Dies stellt einen besonderen Hinweis auf die ökumenische Einheit im katholischen Glauben über die Jahrhunderte hinweg dar! So sieht sich die lutherische Reformation, wo sie Wort und Sakrament im Sinne von Confessio Augustana VII bewahrt, über die Jahrhunderte hinweg in der Gemeinschaft der Einen, Heiligen, Katholischen und Apostolischen Kirche!

Mancherorts gibt es noch Gemälde und bildliche Darstellungen[195], die schon allein durch ihren visuellen Eindruck ahnen lassen, wie über der lutherischen Messe die Faszination des Heiligen lag, die dem Realpräsenzglauben Luthers entspricht. Dem visuellen Eindruck vom Gottesdienst, den diese Gemälde erwecken, entsprach aber auch der akustische, wie die reichen liturgischen Ordnungen und kirchenmusikalischen Werke dieser Zeit bezeugen. Der Reichtum in Liturgie und Kirchenmusik spiegelte wider, was die Gemeinden verspürten: Der ewige Gott selbst ist es, der hier im Gottesdienst durch Sein heiliges Wort zu uns redet und im heiligen Altarsakrament geheimnisvoll gegenwärtig ist und dessen Leib und Blut in, mit und unter Brot und Wein empfangen wird. Die Begegnung mit Gott selbst faszinierte.

Bild auf der vorigen Seite: Luther, Melanchthon, Bugenhagen und Mörlin (am Chorgestühl der Brüdernkirche Braunschweig)

Bilder auf der folgenden Seite:
Lutherische Messe in der St.Moritzkirche in Coburg (Foto: Veste Coburg) und in der St.Johanniskirche Hoyerswerda (Altarpredella) - (Foto Pfarramt Hoyerswerda)

„Bald waren die großen, herrlichen ... Kirchen zu enge; die unschönen Emporen mußten überall angelegt werden. Dazu war die Zahl der Gottesdienste beständig im Wachsen begriffen. ..." (vgl. S. 62)

c. Der Verlust der lutherischen Messe

Die folgenden Epochen des Rationalismus und der Aufklärung etc. brachten eine totale Wende. Wo die menschliche Vernunft regiert, sucht man nicht mehr das göttliche Mysterium. Das blühende Kirchenleben des 16./17. Jahrhunderts erlosch. Manchenorts – z. B. in Preußen - wurde es mit obrigkeitlicher Gewalt - im Zeichen der errungenen „Toleranz" bekämpft! So wurde die Geschichte des lutherischen Gottesdienstes zur *„Geschichte der Auflösung der alten gottesdienstlichen Formen in der evangelischen Kirche Deutschlands"*[196].

Heute weiß man nichts mehr von dem geistlichen Reichtum der lutherischen Orthodoxie, wie das Beispiel meiner Heimatstadt Braunschweig zeigt. Hier ist man sich kaum noch bewußt, daß diese Stadt einmal eine Hochburg des orthodoxen Luthertums war. In ihren Mauern wirkten – wie gesagt - so hervorragende Lutheraner wie Joachim Mörlin und Martin Chemnitz, deren kirchliche Wirkung weit über die Stadt hinaus ging. Stattdessen erinnert sich aber der Braunschweiger heute lieber an Lessing, der im benachbarten Wolfenbüttel wirkte und seinen Nathan sprechen ließ: *„Der echte Ring vermutlich ging verloren ..."*

Wie kam es aber, daß der Gottesdienst verschwinden konnte, der zuvor die Menschen durch das göttliche Mysterium mit Trost und Halt im Glauben faszinierte? Welches waren die tieferen Ursachen für diese Entwicklung? Wie kam es, daß an die Stelle der „Faszination des Heiligen" der Geist der Vernunft treten konnte, der den Menschen mit sich selbst allein läßt?

Für Melanchthon wird das Abendmahl erst zum Sakrament, wenn die ganze Handlung vollzogen ist, wenn es also durch das Essen und Trinken zur Vollendung gekommen ist. Bei denjenigen Gottesdienstbesuchern, die diesmal nicht das Sakrament empfangen, ist deshalb das Abendmahl nicht zum Sakrament geworden. Warum sollen sie dann im Gotteshaus verbleiben, während die andern kommunizieren? Für die Kommunikanten wird das Abendmahl dann zu einer gelegentlich gefeierten Kasualie.

Ist dagegen aber Christi Leib und Blut kraft des göttlichen Segens auf dem Altare gegenwärtig, dann kann die ganze Gemeinde den geheimnisvollen Gott, dessen Heiliges Wort ihr zuvor verkündigt wurde, mit der Liturgie preisen. Dann ist es die Kirche, der Leib Christi, die den ewigen Gott in ihrer Mitte hat, ihm dient und ihn verherrlicht.

Ohne Zweifel hat Melanchthon mit seiner Weichenstellung den Zug auf ein falsches Gleis fahren lassen. Zwar hat er – wie er ja immer wieder Luther gegenüber beteuert hat – im Gegensatz zu anderen an der Realpräsenz festgehalten. Aber indem er diese lediglich an den Vollzug der Handlung knüpfte, öffnete er sich zur Gemeinschaft mit denen, die den Realpräsenzglauben Luthers leugneten und in der Folgezeit leidenschaftlich bekämpften.

Auch der - leider früh verstorbene - schwedische Theologe Dr. Tom G.A. Hardt hat die dogmengeschichtlichen Wurzeln des Realpräsenzglaubens Luthers herausgearbeitet.[197] Zudem hat er unter Verwendung von vielem bisher unbeachtetem Quellenmaterial die weitere Entwicklung dieses wichtigen Lehrpunktes verfolgt. Er zeigt auf, daß der lutherische Realpräsenzglaube, der auf der altkirchlichen cyrillischen Christologie fußt und in der nominalistischen Tradition des Mittelalters wurzelt, eine viel massivere Sakramentsauffassung beinhaltet als die thomistische. An Luthers Satz: *"Das Brot ist der Leib Christi"* (*"Panis est Corpus"*) kommt dies u .a. zum Ausdruck.

Hardts Untersuchung zeigt manche Ursachen dafür auf, daß der lutherische Realpräsenzglaube mehr und mehr zurückgedrängt wurde. Diese liegen - wie auch er betont - nicht erst im *Rationalismus*, sondern bereits im *Philippismus*. Insbesondere hat Hardt auf den für den Dissens zwischen Lutheranern und Philippisten aufschlußreichen „*Großen Adorationsstreit"* (in der zweiten Hälfte des Reformationsjahrhunderts) aufmerksam gemacht, der in den kirchengeschichtlichen Darstellungen bislang kaum Beachtung fand. In diesem hat die philippistische Seite mit Entschiedenheit die Elevation (das Emporheben des Sakraments nach der Konsekration) und die Adoration (die Anbetung des Sakraments nach der Konsekration) bekämpft, während die lutherische Seite im Gefolge Luthers beides als sachgemäßen Ausdruck des Realpräsenzglaubens verteidigte. Die Adoration (die Anbetung des Sakraments) *außerhalb* der Messe (*"extra usum"*) wurde von beiden Seiten verworfen. Die Adoration (die Anbetung des Sakraments) *während* der Messe (*"in usu"*) wie sie auf lutherischer Seite vertreten wurde, ist jedoch von den Philippisten - aber erst recht von den Calvinisten - mit Vehemenz als "Brotanbetung" (*"Artolatria"*) verworfen worden.

Hardt hat in seinen Forschungen aufgezeigt, daß die lutherische Position in Vergessenheit geraten konnte, weil die entsprechenden Aussagen der Konkordienformel in der Folgezeit (und bis heute) stets im melanchthonischen Sinne gedeutet wurden. Er schreibt: *"Die Auslegung, die auf diese Weise in den modernen Textausgaben der Konkordienformel, die die lutherischen Lehrstreitigkeiten zusammenfassen und lösen wollte, begegnet, erinnert durch ihre Ausführung daran, daß es die melanchthonische Schule war, die den Sieg heimtragen sollte ... Damit war der konkrete Sakramentsglaube des älteren Luthertums als mittelalterlich verurteilt und abgewiesen und konnte nicht länger verteidigt oder überhaupt verstanden werden. Seine Kultgebräuche hörten auf. Von den dahinter liegenden Vorstellungen kann angenommen werden, daß sie in die Volksfrömmigkeit verwiesen wurden, um da ihren Winterschlaf zu halten."*

Vor diesem Hintergrund ist es zu verstehen, daß man zum Beispiel im Rationalismus – wie es der preußische König Friedrich Wilhelm III. 1798 in seiner amtlichen Verlautbarung formulierte – zum Beispiel Meßgewänder und Chorhemden als „*entbehrlich*" und „*lästig*" empfand und ihre Anschaffung und Reinigung zu „*kostspielig*". Sie seien daher „*ganz abzuschaffen*". Später griff Friedrich Wilhelm III. sogar zu staatlichen Zwangsmaßnahmen, die zum Teil gegen den heftigen Widerstand der Gemeinden durchgesetzt wurden.

So wurde dann, als der „Rationalismus", der Vernunftglaube, immer mehr vordrang, der Sakramentsglaube Luthers und die Feier der lutherischen Messe als „unvernünftig" empfunden, weil das große Wunder der sakramentalen Gegenwart Christi der menschlichen Vernunft nicht faßbar ist. An die Stelle der Messe trat darum nun der protestantische Predigtgottesdienst, bei dem das Abendmahl nur ein gelegentlich gefeiertes Anhängsel ist. Auch fromme Gegenbewegungen wie etwa der Pietismus oder das Neuluthertums im 19. Jahrhundert vermochten daran nichts zu ändern.

Die lutherische Lehre von der Konsekration setzt voraus, daß jedes Abendmahl ein unergründliches Wunder ist, wie ja auch das erste Abendmahl nicht, V'ie die Reformierte Kirche meint, eine Gleichnishandlung war, sondern ̃in wunder. Jedes Abendmahl, das wir feiern, ist ein Wunder, nicht geringer als die Wunder,. die Jesus in seinen Erdentagen getan hat. Dasselbe gilt, wenn auch in anderer Weise, von der Taufe. Wie die Predigt des Herrn begleitet war von seinen Zeichen und Wundern, so ist die Verkündigung seiner Kirche begleitet von den Sakramenten. Und wie die Taten Jesu der Morgenschein der künftigen Erlösung waren (Luk. 4, 18 ff; Matth. 11,4ff.), so wird uns in der Taufe und im Abendmahl das zuteil, was der künftigen Welt angehört. So oft die Kirche sich um den Tisch des Herrn sammelt, ist der ".Tag des Herrn", d. h. der Tag des Messias (vgl. Amos 5,18), der Tag seiner Wiederkunft schon da.

Hermann Sasse, Corpus Christi, S. 144

Kapitel 5

Konsequenzen für heute

a. Zwei verschiedene Zielvorstellungen

Der Konflikt der beiden Reformatoren, der 1544 anderthalb Jahre vor Luthers Tod zu einer schweren Krise zwischen ihnen führte, hatte eine tiefere Dimension als nur eine vorübergehende Meinungsverschiedenheit.

Luthers Worte „Ihr habt einen anderen Geist als wir", die er 1529 zu Zwingli sprach, galten weder der Person Zwinglis allein, noch hatten sie für Luther nur für den Zeitpunkt, zu dem sie ausgesprochen wurden, Bedeutung. Lebenslang und unbeirrt hat Luther am Realpräsenzglauben festgehalten, nicht aus Starrsinn oder Rechthaberei, sondern weil für ihn das Mysterium der Gnadengegenwart Gottes auf dem Altar zum Wesen der Kirche gehört.

Dazu einige Zitate, die dies erhellen:

Am Ende seines Lebens (im September 1545) schrieb er in den Thesen gegen die Theologen in Louvain: *"In Eucharistia sacramento venerabili & adorabili est & exhibetur & sumitur vere & reipsa corpus & sanguis Christi tam a dignis quam indignis."* (Deutsche Version: *"In dem hochwürdigen Sacrament des Altars, das man mit allen Ehren anbeten soll, wird gereicht und empfangen wahrhaftig der natürliche Leib und Blut des HERREN Jesu Christi, sowohl von Würdigen und Unwürdigen."*)

1520 hatte er in „De captivitate Babylonica" geschrieben: *„Aber die Kirche hat ja länger als zwölfhundert Jahre recht geglaubt, und nie und nirgends haben die heiligen Väter jener Tanssubstantiation (fürwahr was für ein ungeheuerliches Wort und Gedanke!) gedacht, bis die sog. Philosophie des Aristoteles in der Kirche anfing in diesen letzten dreihundert Jahren im Schwange zu gehen, in denen auch sonst vieles andere in verkehrter Weise festgesetzt ist."*[198] Damit bekannte er sich nicht nur formal zur vormittelalterlichen Tradition der Kirche, sondern es war ein Bekenntnis zu dem, was seit apostolischer Zeit das Wesen des christlichen Kultes ausmacht: das Mysterium der Gnadengegenwart Gottes auf dem Altar. Die Tanssubstantiation lehnte er *als Lehre* ab, weil er darin den Versuch sah, das Mysterium philosophisch, d.h. mit Miteln menschlicher Vernunft zu erklären.

Ebenso unstatthaft war es für Luther darum auch, über Anfang und Ende dieses Mysteriums zu spekulieren. Darum schrieb er 1544 an den Melanchthonschüler Wolferinus: *"Nach welchem Beispiel handelst du? Du siehst wohl nicht, welche gefährlichen Fragen du her-aufbeschwörst, wenn du überflüssigerweise in deinem Sinn behauptest, wenn die Handlung aufhöre, höre auch das Sakrament auf."*[199]

Mit seiner Ehrfurcht vor dem Mysterium der Gegenwart Gottes im Sakrament bezeugte Luther zugleich, daß für ihn die Bewahrung des christlichen Kultes eine wesentliche Zielvorstellung für sein reformatorisches Wirken war. So wie er mit den 95 Thesen keine „neue Kirche gründen" wollte, so muß man für sein reformatorisches Wirken überhaupt sagen: Luther wollte die eine heilige katholische und apostolische Kirche zu ihrem unaufgebbaren Erbe zurückführen. Insofern ist Luthers Reformation gescheitert[200], denn dieses Ziel konnte er nicht erreichen. – nicht zuletzt auch, weil Melanchthon seine eigene Zielvorstellung konsequent verfolgte.

Das Mysterium der Gnadengegenwart Gottes auf dem Altar, dieses unaufgebbare Erbe, hat die Kirche vom Herrn selbst empfangen. Aber nicht nur dieses, alles, was Er befohlen hat, soll die Kirche halten, sein Wort, die Taufe, die Buße und Bekehrung, das Gebet und die Gebote, denn vor seiner Auffahrt in den Himmel sprach Er: „ ... *lehret sie halten alles, was ich euch befohlen habe. Und siehe, ich bin bei euch alle Tage bis an der Welt Ende."* Das, was der Herr mit dem Wort „alles" meinte, umschreiben wir heute schlagwortartig mit „Wort und Sakrament". Darum ist in Confessio Augustana VII das Wesen der Kirche so beschrieben: *„Es genügt zur wahren Einheit der christlichen Kirche, daß das Evangelium einträchtig im reinen Verständnis gepredigt und die Sakramente dem göttlichen Wort gemäß gereicht werden"* - Das gilt nicht nur für die lutherische Konfession, sondern von der Einen, Heiligen, Katholischen und Apostolischen Kirche in Ost und West.

Zweifellos hat auch Melanchthon diese Eine, Heilige, Katholische und Apostolische Kirche im Sinn gehabt. Zweifellos hat auch er – wenn auch nicht im Sinne Luthers – die Realpräsenz bejaht. Aber seine von Luther unterschiedene reformatorische Zielvorstellung kommt darin zum Ausdruck, daß er sich mit der Umformulierung der Augustana Invariata zur Augustana Variata denen öffnete, die den Realpräsenzglauben Luthers ablehnten oder abschwächten. Dies muß kirchengeschichtlich als eine Weichenstellung mit verhängnisvollen ökumenischen Folgen bezeichnet werden: Das, was Luther unbedingt hatte bewahren wollen, geriet in Gefahr. Denn, wo das Mysterium der Realpräsenz angetastet wird, ist der Verlust der kultischen Dimension des christlichen Gottesdienstes die Folge. Wo das geschieht, kann man nicht mehr wie die Bekenner von Augsburg 1530 sagen: *„Man legt den Unsern mit Unrecht auf, daß sie die Messe sollen abgetan haben. Denn das ist öffentlich, daß die Messe, ohne Ruhm zu reden, bei uns mit größerer Andacht und Ernst gehalten wird als bei den Widersachern."*

Die Kirche der Gegenwart, auch unsere lutherische Kirche, hat nichts nötiger, als daß sie sich ganz ernst darauf besinnt, ob nicht der Zerfall der Gemeinschaft in ihrer Mitte und auch der Zerfall ihrer Gemeinschaft bildenden Kraft einfach damit zusammenhängt, daß sie das Abendmahl kaum noch versteht. Daß sie es in den Hintergrund gedrängt hat, ja, daß sie die Feier, die in der Christenheit bis zur Reformation und noch in den ersten beiden Jahrhunderten der evangelisch-lutherischen Kirche das Herzstück des Sonntagsgottesdienstes war, aus diesem Gottesdienst herausgebrochen hat. Gewiß kann und soll nicht die ganze Gemeinde an jedem Sonntag kommunizieren, aber es soll in ihrer Mitte das Sakrament gefeiert werden.

Hermann Sasse, Zeugnisse, S. 113.

b. Reformationsgedenken 2017

Im Jahre 2017 soll der Veröffentlichung der 95 Thesen vor 500 Jahren bei offiziellen Veranstaltungen festlich gedacht werden. Reformationsjubiläen haben bisher stets die Person Martin Luthers in den Mittelpunkt gestellt. Kann dies heute noch geschehen? Manch einer denkt an das Wort des Journalisten Ernst Groß, der gesagt haben soll: *„Wenn Martin Luther gewußt hätte, was aus seiner Kirche geworden ist, hätte er es lieber bleiben lassen."* Hinter solchem sarkastischen Humor steht die ernste Frage, welche Rolle Luther in der Kirche eigentlich noch spielt.

Es ist offensichtlich, daß nicht Luthers, sondern Melanchthons Reformation den Sieg davon getragen hat. Die EKD kann sich nicht mehr auf Luther berufen. Vom Zeitgeist diktierte Ideologien haben in ihr ein leichtes Spiel. In ihrem Bereich wurde in den letzten Jahrzehnten alles getan, um lutherisches Kirchenwesen zu tilgen. Das Konkordienbuch zählt nicht mehr zu den Bekenntnisschriften der Kirche. Stattdessen hat die Leuenberger Konkordie Bekenntnisrang erlangt. Bei strukturellen Veränderungen - wie zum Beispiel Zusammenlegungen von Landeskirchen - wird folgerichtig sogar der Name „lutherisch" getilgt. Die sog. „VELKD" erscheint nur noch wie ein Trostpflaster für die, denen lutherische Theologie noch etwas bedeutet. Gemeinden, in denen man sich bemüht, den Gottesdienst mit Wort und Sakrament als Messe so zu feiern, daß in ihrer Liturgie die Faszination des Heiligen im Sinne Luthers aufleuchtet, werden bestenfalls geduldet.

Wie aber soll das Reformationsgedenken begangen werden? Im 21. Jahrhundert ist es kaum möglich und ratsam, Luther in der Weise zu heroisieren wie das im Neuluthertum des 19. Jahrhunderts geschah. Die menschlichen Schwächen des Reformators stehen dem heutigen Menschen allzu sehr vor Augen, ohne daß dadurch sein Vermächtnis geschmälert wird. Man denke nur an seine maßlosen Äußerungen gegenüber den Wiedertäufern, für die er Landesverweis, Gefängnis und Todesstrafe befürwortete. Erst recht seine Schriften gegen die Juden, die auch und gerade überzeugten Lutheranern die Schamröte ins Gesicht treiben, zumal nach den Erfahrungen des Dritten Reiches. Dies kann nicht geleugnet werden, selbst wenn man weiß und immer wieder deutlich unterstreichen muß, daß Nationalsozialisten und Deutsche Christen für ihren Judenhaß ganz andere Motive hatten als Luther, und darum kein Recht haben, sich auf ihn zu berufen.

Luthers historische Verdienste um die Reformation werden in ihrer Bedeutung durch seine Schattenseiten nicht geschmälert und seine Glaubenshaltung, die er lebenslang durchhielt, bleibt imponierend. Gerade dieses Nebeneinander – Luthers große Verdienste um die Reformation der Kirche einerseits und seine Schattenseiten andererseits – erinnern daran, wie er selbst unser Menschsein vor Gott beschrieben hat: *"simul justus et peccator"* (zugleich gerechtfertigt und Sünder).

Martin Luther hat der Kirche ein doppeltes, unvergängliches Vermächtnis hinterlasssen: Er hat nicht nur die Bibel übersetzt hat, sondern auch selbst oft und regelmäßig gepredigt. Mit seiner wortwörtlichen Bindung an die Bibel, zu der er sich z.B. beim Reichstag zu Worms 1521 öffentlich bekannte, erinnert er die Kirche an die **Verbindlichkeit des Wortes Gottes** für die kirchliche Verkündigung. Ebenso hat er sich lebenslang zum **Geheimnis der Gegenwart des Leibes und Blutes Christi im Altarsakrament** bekannt. Damit bezeugte er, wie die Kirche mit **Wort und Sakrament** aus der ständigen Begegnung mit dem ewigen Gott lebt. So fanden im Reformationsjahrhundert – jedenfalls im Bereich der Wittenberger Reformation – die Gläubigen zum Trost des Evangeliums.

Darum sollte das Reformationsjubiläum 2017 nicht unter einem personen-, sondern einem sachbezogenen Motto stehen, wie etwa

„Reformation der Einen Kirche durch Wort und Sakrament".

c. Ökumenische Fragestellungen

Ein solches sachbezogenes Motto für das Reformationsgedenken könnte auch richtungsweisend für die ökumenische Arbeit in den Konfessionen sein.

Nach menschlichem Ermessen erscheint es allerdings fraglich, ob in der EKD ein Umdenken - weg von der reformatorischen Zielvorstellung Melanchthons (wie sie zum Beispiel an der Leuenberger Konkordie zum Ausdruck kommt), hin zu der auf Erneuerung der Gesamtkirche gerichteten Orientierung Luthers - möglich ist.

Lutheranern könnte ein solches Motto freilich helfen, an den reformatorischen Aufbruch, der noch zur Zeit der lutherischen Orthodoxie Frömmigkeit und gottesdienstliches Leben so nachhaltig befruchtete, neu anzuknüpfen. Es wäre ja schon ein großer Fortschritt, wenn sich Lutheraner heute im Sinne Luthers bei der Gestaltung der Messe wieder mehr darum bemühen würden, daß etwas von der Faszination des Heiligen spürbar wird, die dem Realpäsenzglauben entspricht. Dazu gehört freilich ein klares, eindeutiges und überzeugendes Bekenntnis zu diesem Glauben, nicht nur mit Worten auf dem Papier, sondern auch in einer diesem Glauben entsprechenden ehrfürchtigen Haltung beim Umgang mit dem Allerheiligsten. Wer das Altarsakrament im Sinne Luthers verwaltet, muß wissen, daß es ein Unterschied ist, ob er den Gemeindegliedern mit frommen Worten und Gedanken Brot und Wein darreicht, oder ob er es auf dem Altar mit dem Leib und dem Blut des allmächtigen, Mensch gewordenen und am Kreuz geopferten Gottes zu tun hat.

Auf römisch-katholischer Seite wird ein sachbezogenen Motto wie **„Reformation der Einen Kirche durch Wort und Sakrament".** den eigenen Intentionen entgegenkommen und ein gemeinsames Reformationsgedenken erleichtern. Zwar forderte Bundestagspräsident Norbert Lammert bei einem Jahresempfang im Braunschweiger Dom: *„Niemand von uns kann ernsthaft in das Reformationsjubiläum im Jahr 2017 gehen, ohne diese Frage zu beantworten. Ökumene jetzt! Wann eigentlich sonst?"* Aber kann dies ohne Luthers Vermächtnis geschehen? Luther würde jedenfalls weder an einem Leuenberger Abendmahl noch einem „gemeinsamen Abendmahl", wie es von manchen Katholiken gefordert wird, teilnehmen.

74

Das Reformationsjubiläum 2017 stellt die Kirche vor die Frage, ob man bereit ist, sich den Glauben und die Frömmigkeit Luthers zum Vorbild zu nehmen. Gerade in Bezug auf das Hl. Altarsakrament, bei dem die Trennung der Konfessionen schmerzlich empfunden wird, kann Luthers Haltung Vorbild für das ökumenische Miteinander sein.

Man sollte im ökumenischen Miteinander nicht vorschnelle und falsche Hoffnungen auf „Einheit" erwecken, aber die Worte von Papst Benedikt XVI. bedenken, die er im Augustinerkloster zu Erfurt sprach: *„Deshalb sollten wir bei einer ökumenischen Begegnung nicht nur die Trennungen und Spaltungen beklagen, sondern Gott für alles danken, was er uns an Einheit erhalten hat und immer neu schenkt."* Beim Reformationsjubiläum sollte nach dem gefragt und das hervorgehoben werden, was von Luther her gemeinsam ist.

Zum Andern, wird das niemand leugnen, daß wir das heilige Sakrament des Altars haben, gleich und eben, wie es Christus selbst eingesetzt, und die Apostel hernach, und die ganze Christenheit gebraucht haben. Und essen und trinken also mit der alten und ganzen Christenheit von einerlei Tisch, und empfangen mit ihnen dasselbe einerlei Sakrament, und haben darin nichts Neues noch anders gemacht, weshalb wir mit ihnen einerlei Kirche oder wie Sanct Paulus 1. Korinther 10: einerlei Leib, einerlei Brot sind, die wir von einerlei Brot essen und einerlei Kelch trinken. ... Denn wir sind mit der alten Kirche einerlei Kirche, in einerlei Sakrament.

Martin Luther, Wider Hans Worst, 1541.

Gebet zum Reformationsgedenken

O Herr Jesus Christus, Du hast vor 500 Jahren Deinen Diener Martin Luther berufen, in Deiner Kirche als Reformator zu wirken. Die Heilige Schrift hat er ins Deutsche übersetzt und so Dein heiliges Evangelium in der Kirche neu aufleuchten lassen, wo es verdunkelt war. Daß unser Leben und unser Glaube ganz allein auf Deiner Gnade beruht, dürfen wir erkennen, wenn wir auf Dein Heiliges Wort hören, wie es uns durch die heiligen Apostel und Evangelisten in der Bibel überliefert ist. Wenn wir Dich mit Deinem heiligen Leib und Deinem heiligen Blut im Altarsakrament empfangen, erfahren wir, daß Du uns liebst und uns unsere Sünde vergibst.

Herr, wir danken Dir dafür!

O Herr Jesus Christus, auch in unserer Zeit ist vielen Menschen Dein heiliges Evangelium verborgen.Ungerechtigkeit, Gottlosigkeit, Gewalt und Willkür herrschen in der Welt. Manch einer lebt ohne Deine heiligen Gebote und kennt nicht den Trost Deines heiligen Evangeliums.

Herr, erbarme Dich über sie und über uns alle!

O Herr Jesus Christus, wie Du einst Deinen Diener Martin Luther berufen hast, in Deiner Kirche als Reformator zu wirken, so erwecke Dir auch in unserer Zeit einen treuen Zeugen, der Dein heiliges Wort vor aller Welt in geistlicher Vollmacht bezeuge. Schenke Deiner Kirche eine tiefgreifende Erneuerung in der Kraft des Heiligen Geistes, damit sie in dieser gottlosen Welt Deine liebende Gnade und Gegenwart in Wort und Sakrament bezeuge und die Menschen der zerstörenden Macht des altbösen Feindes entrissen werden.

Herr, erbarme Dich unser!

Anmerkungen

Zur Einleitung:

1 So auch Heinz Scheible, Aufsätze zu Melanchthon, S.27:: *„Ich möchte nur abschließend zum Ausdruck bringen, daß ich persönlich die Begegnung dieser beiden Koryphäen des Geistes und der Religion für einen Glücksfall der abendländischen Geschichte halte."*

2 So bei Scheible, Melanchthon, Eine Biographie S. 164.

3 = Streitsucht oder Rechthaberei.

4 So bei Scheible, Melanchthon, Eine Biographie S. 144.

5 Bei der Abfassung der Confessio Augustana 1530 hat Melanchthon noch eindeutig Luthers Sakramentsauffassung wiedergegeben, obwohl er bereits zu dieser Zeit gegenüber Dritten Zweifel äußerte. Vgl. Tom G.A. Hardt, Venerabilis ..., S. 158.

6 Scheible, Aufsätze: *„Die Abendmahlslehre ist nach meinem Verständnis das einzige Lehrstück, in dem Luther und Melanchthon nicht übereinstimmten."* - Wie im Folgenden gezeigt wird, irrt Scheible jedoch; wenn er weiter schreibt: *„Die Unterschiede waren aber für Luther tolerabel, ..."*

Zu Kapitel 1 a:
Was Luther beim Altarsakrament persönlich am Herzen lag

7 Ich verweise aber zugleich auf meine beiden Abhandlungen: Jürgen Diestelmann, ACTIO SACRAMENTALIS - Die Verwaltung des Heiligen Abendmahles nach den Prinzipien Martin Luthers in der Zeit bis zur Konkordienformel, 1996. 436 S. Und: USUS und ACTIO – Das heilige Abendmahl bei Luther und Melanchthon, Berlin 2007, 350 Seiten.

8 So Bernhard Lohse in: Luthers Theologie in ihrer historischen Entwicklung und in ihrem systematischen Zusammenhang, Göttingen 1995, S. 53.

9 WA XVIII, S. 202.

10 „Die vordringlichste und wichtigste Handlung im Sakrament"

11 Sermon von dem Sakrament des Leibes und Blutes Christi, WA XIX, S. 490 ff.

12 WA XXVI, 442 f.

13 Tom G.A. Hardt, Venerabilis et adorabilis Eucharistia, ..., S. 153

14 *„Es sollte nie vergessen werden, daß diese Worte von dem anderen Geist*

I

nicht zu Zwingli und Oekolampad gesprochen wurden. Sie sollten auch nicht als zur reformierten Kirche gesprochen gelten. Sie richten sich allein gegen das, was man damals 'Synkretisrnus' nannte und was heute 'Unionismus' heißt." Hermann Sasse, Corpus Christi, S. 52.

15 Nur so ist Luthers impulsive Reaktion „*Möge er zu seinen Zwinglianern gehen!*" *(„Vadat ad suos Zwinglianos")* zu verstehen, als er erfuhr, das der Kaplan Besserer konsekrierte mit unkonsekrierten Hostien vermischt hatte. Besserer hatte aber nicht wegen Zwinglischer Ansichten, sondern lediglich aus Unbesonnenheit und Konfusion gehandelt.

16 Siehe J. Diestelmann, Actio Sacramentalis, Kap. III:

17 Siehe J. Diestelmann, Usus und Actio, S. 159, Anm. 535.

18 Siehe J. Diestelmann, Usus und Actio, S. 44 ff.

19 siehe oben.

20 Siehe J. Diestelmann, Actio Sacramentalis, S. 101 ff.

21 K. Loewe, zitiert bei K. Anton, Luther und die Musik, Zwickau 1928.

22 WA 26, 462.

Zu Kapitel 1 b:
Wie sich Melanchthons Entfremdung von Luther anbahnte.

23 Neuser, Wilhelm H., Luther und Melanchthon Einheit im Gegensatz, Ein Beitrag zum Melanchthon Jubiläum 1960, Theologische Existenz heute, Neue Folge Nr. 91, München 1961.

24 Carl Schmidt, Philipp Melanchthon, S. 178. – vgl. Ulrich Gabler, Luthers Beziehungen..., S. 493.

25 Siehe unten, S. 28 ff.

26 Ritschl, Otto, Dogmengeschichte des Protestantismus ... , I. Band, S. 280 f.

27 Vgl. Wilhelm Möller, Lehrbuch der Kirchengeschichte, ..., S. 121: *„L[uther] hatte den Abendmahlsartikel (EA 25², 197) ursprünglich im Wortlaut der Wittenberger Concordie fassen wollen, aber dann auf Bugenhagens Zureden ihn schärfer seinem Lehrtropus gemäß formuliert, Mel[anchthon], der in Wittenberg ohne Einspruch diesen Artikel akzeptiert hatte, steckte sich dann in Schmalkalden hinter den Landgrafen und riet diesem, L[uther]s Artikel abzulehnen und sich darauf zu berufen, daß man ja die CA und die Wittenberger Concordie angenommen habe.*"

28 Zum Folgenden beachte Hermann Sasse. , J. Diestelmann, Usus und Ac-

II

tio, S. 90 ff. - Bei der Wittenberger Konkordie waren die Schweizer Reformatoren nicht beteiligt, sondern nur die Oberdeutschen.

29 Abgedruckt bei Walch, Band 17, Sp. 2048 ff. - Die nachfolgenden Zitate von dort.

30 Brecht, a.a.O., S. 504.

31 Siehe unten, S,. 37. Luther schrieb an Wolferinus zu dessen auf Melanchthon zurückgehenden Thesen:*„Hoc certe non vult D. Philippus.*.

32 *„Docent, quod corpus et sanguis Domini vere adsint et distribuantur vescentibus in coena Domini, et improbant secus docentes."*

33 Weiteres zur Augustana Variata siehe in „Usus und Actio", S. 82 ff.

34 R. Rocholl, Geschichte der evangelischen Kirche in Deutschland, Leipzig, 1897, S 100. Vgl. C. Schmidt, a.a.o; S. 423. CR IX, S. 872, 499.

35 "Nil habet rationem sacramenti extra usum a Christo institutum" bzw. "extra actionem divinitus institutam". Melanchthon bezeichnete diese Regel als *"hanc meam propositionem".* Brief vom 22. Mai 1557 an H. Busoducensi, CR IX, Nr. 6250. - Vgl. auch die Dissertation von Peters, E. F., Origin and Meaning of the Axiom: Nothing Has The Character of a Sacrament Outside Of The Use, in Sixteenth-Century and Seventeenth-Centuy Lutheran Theolgy. (Th. D. Diss., Concordia Seminary, St. Louis, MO., 1968) – Nach Peters läßt sich die Herkunft dieser Regel in ihren Wurzeln über Melanchthon hinaus bis auf Zwingli zurückverfolgen. Vgl. auch: Killinger, Keith, Domesticating an Untamed Sacramental Rule, in: Lutheran Quarterly VII, Nr. 4, Winter 1993, S. 401-424.

36 Eck hatte Luther zur Aussage verleiten können, einige Thesen des als Ketzer zum Tode verurteilten und verbrannten Jan Huß seien *„wahrhaft evangelisch"* gewesen.

37 1558 beschrieb Melanchthon, wie er diese Regel mit Erfolg beim Regensburger Religionsgespräch von 1541 angewandt hatte: *„... Und da zu Regensburg Eck und Granvel diese Regel höreten, daß nichts Sacrament sey außer dem eingesatzten Brauch; ward Eck also ungeduldig, daß er denselbigen Abend soffe, und krank wurde, und zu keiner Unterrede mehr kommen konnte.* ''"* Vgl. J. Diestelmann, Usus und Actio, S. 73, Anm. 220.

38 WA XXX, 3, S.554 ff.

39 Siehe unten zu den Wolferinusbriefen, S. 28 ff.

40 Siehe J. Diestelmann, Usus und Actio, S. 38.

Zu Kapitel 2 a:
Die Abschaffung der Elevation

41 Vgl. Bernhard Lohse, Philipp Melanchthon in seinen Beziehungen zu Luther, in: Leben und Werk Martin Luthers, hgg. Von Helmar Junghans, Berlin 1983, Bd. 1, S. 411.

42 Die Bedeutung der Ereignisse von 1543/44 für das Verhältnis der beiden Reformatoren wurden in der Reformationsforschung bisher nicht erkannt. Auch Hermann Sasse erwähnt sie (in dem Kapitel „Melanchthon's Defection from Luthers Doctrine" seines Buches „This is my body", S. 311 ff.) nicht

43 Vgl. Meyer SJ, Hans-Bernhard, Luther und die Messe, Paderborn 1965, S. 261 ff. - Peter Browe SJ, Die Verehrung der Eucharistie im Mittelalter, 1990, schreibt S. 28: *„Über die Zeit, wann die Elevation der Hostie, die heute nach den Wandlungsworten stattfindet, entstand, ist viel geschrieben worden; ... Sicher ist, daß sie um die Mitte des 13. Jahrhunderts fast allgemein in der abendländischen Kirche in Übung war; ebenso sicher steht fest, daß sie vor dem Ende des 12. Jahrhunderts noch unbekannt war."* Vgl. auch ebendort, S. 50.

44 Meyer SJ, Hans-Bernhard, a.a.O., S. 274 ff.

45 E. F., Peters, Origin and Meaning, a.a.O., S. 62 ff.

46 Laut Schmidt, a.a.O.

47 E. A. Wilh. Kraus, Lebensbilder aus der Geschichte der christlichen Kirche, St. Louis, MO., Concordia Publishing House 1930, S. 485 f.:

48 Tibor Fabiny in Luthers Beziehungen zu Ungarn und Siebenburgen. In: Leben und Werk Martin Luthers ..., S. 646: „Die Lehre der *„Sakramentarier"* hat sich im Karpatenraum besonders in den letzten Lebensjahren Luthers verbreitet. Die schweizerisch-oberdeutsche Richtung war im ganzen Lande bestrebt, die wittenbergische zu verdrängen, Beide streitenden Parteien beriefen sich auf Melanchthon. So wurde z. B. sogar der "ungarische Luther", *Matthias Dévay,* seitens seiner Amtsbruder in der Stadt Eperies Anfang I 544 bei Luther angeklagt, in der Frage des Abend*mahls* keine richtige Haltung einzunehmen, sondern der zwinglianischen Abendmahlslehre verfallen zu sein. Luther antwortete *den Geistlichen in Eperies* und Umgebung in einer längeren Schrift vom 21. April 1544. Am Anfang des Briefes äußerte sich der Reformator über die Türkengefahr, deren Ursache seiner Meinung nach die Sünde der Menschheit gewesen sei. Über die Irrlehren schrieb er folgendes: "Was ihr über Matthias Devay berichtet, hat mich in

großes Erstaunen versetzt, da er auch bei uns in so gutem Ruf stand, das es mir schwerfallt. Euch zu glauben, was ihr geschrieben habt. Aber wie dem auch sei, sicher hat er nicht von uns die Lehre der Sakramentarier. Wir kämpfen hier beständig gegen dieselbe, und ist weder irgendein Verdacht, noch irgendeine Spur von einem Greuel bei uns zu finden, ... Stehet also fest und zweifelt nicht, das ich niemals, es mußte mich denn Gott unsinnig werden lassen, so wie die Gegner des Sakramentes lehren noch jenen Greuel in der mir anvertrauten Kirche dulden werde."

49 Zum Folgenden siehe bei E. A. Wilh. Kraus, Lebensbilder aus der Geschichte der christlichen Kirche, St. Louis, MO., Concordia Publishing House 1930, a.a.O.

50 Dies zeigte sich im zweiten Brief Luthers an Wolferinus, sie unten S. 33.

51 WA XII, 212-213: *"Finita benedictione, Chorus cantet Sanctus, (et) sub cantu benedictus, eleuetur panis (et) Calix ritu hactenus seruato... "*

52 WA 54, S. 163 ff.

53 *„Solches dings ist viel mehr, darin sich die Griechen mit den Römern nicht verglichen, auch noch nicht vergleichen. Und was tut das Bistum Meylan noch heutiges Tages, welches doch unter den Bapst in Welschenlanden da nicht allein die Elevation oder ein Stücke in der Messe den andern Kirchen, sondern die ganze Messe ungleich ist, sonderlich das es den kleinen Canonem nicht hat und aller dinge ein eigen weise hellt in der Messe. Also das ich Anno 1510, Da ich dadurch zog, an keinem Ort kundte Messe halten, und die Priester uns sagten: Nos sumus Ambrosiani, non poteritis hic celebrare ..."* Walch, S.166.

54 Darum konnte Luther am 28. Juni1542 an Fürst Georg von Anhalt schreiben: *„Und ist mir bisher gleich viel gewest, ob man's [die hl. Hostie] aufhebe, wie bei uns, oder liegen lasse wie zu Magdeburg und fast in allem Sachsen Lande. "* WA Bfw. X, Nr. 3726

55 WA, Tischreden Bd. 5, Nr. 5665.

56 Vgl. Meyer, Hans Bernhard, S. J.: Die Elevation im deutschen Mittelalter und bei Luther. Zeitschrift für Katholische Theologie. 85. Band 1963.- Und: Hassler, Karin, Luther och elevationen i nattvardsmässan, Kyrklig Fornyelse, 1960/I, N:o 12.

57 WA Bfw. X, 3809: *„De elevatione Sacramenti facias, quod libuerit. Ego in rebus istis nostris nolo poni ullam laqueum; sic scribo, scripsi, scripturus sum omnibus, qui me quotdie ista quaestione fatigant. "*

V

58 WA Bfw. X, Nr. 3849.

59 J. Diestelmann, Usus und Actio, S. 30.

60 Tom G. A. Hardt, hat in seinem Buch „Venerabilis ...“ auch über die Adoration ausführlich geschrieben. - In Wittenberg wurde auch noch lange die Sitte beibehalten, nach der Konsekration das „Wandelglöckchen" ertönen zu lassen, wie der 1536 (aus Anlas der Konkordienverhandlungen) in Wittenberg weilende Augsburger Wolfgang Musculus berichtete: *„Bei der Konsekration wurde während der Elevation das Sakristeiglöckchen geläutet."* Dies entsprach ganz dem Konsekrationsverständnis Luthers. Der Gebrauch eines Wandelglöckchens war auch anderswo noch lange üblich Je mehr Luthers Realpräsenzverständnis in den Gemeinden verschwand bzw. Melanchthons Auffassung sich durchsetzte, desto mehr empfand man aber den Gebrauch des Wandelglöckchens als eine „unevangelische" Sitte, jedoch lautet man bis heute vielerorts zum Agnus Dei eine Turmglocke.

Zu Kapitel 2 b:
Die Transsubstantiation

61 *„Sed et Ecclesia ultra mille ducentos annos recte credidit, nec usquam nec unquam de ista transsubstantiatione portentoso scilicet uocabulo et somnio. meminerunt sancti patres. donec cepit Aristotelis simulata philosophia in Ecclesia grassari, in istis trecentis nouissimis annis, in quibus et alia multa, perperam sunt determinata."*Vgl. Hardt, Venerabilis ..., S. 6 u. o. - Joseh Lortz: *„Direkt berufen auf Ockham beziehungsweise seinen Schüler Pierre d'Ailly hat Luther sich bei der Ablehnung der Transsubstantiation in De capitivitate (WA 6, 508). Abhängig von ihm ist er in der Ubiquitätslehre und in seinem mangelnden Verständnis für eine eigentümlich sakramentale Daseinsweise im Gegensatz zur empirisch-historischen."* in: Luthers Stellung in der theologischen Tradition, in: Wandlungen des Lutherbildes (Studien und Berichte der Katholischen Akademie in Bayern, Würzburg 1966), 15-47

62 WA XXX, 1, Katechismuspredigt vom 19. 12. 1528

63 Der Terminus *„consubstantiatio"* stammt nach Hartmut Hilgenfeld aus der antignesiolutherischen Streittheologie, siehe Hartmut Hilgenfeld, Mittelalterlich-traditionelle Elemente ..., S. 467-470: Exkurs: Zur Herkunft des Wortes „consubstantiatio".) - Ausführlich äußert sich zum Begriff „Konsubstantiation" auch Hardt, Venerabilis..., S. 166 ff.

64 WA XXXVIII, S. 242 „Von der Winkelmesse und Pfaffenweihe , 1533.

65 *„Mich hätte Wunder, warum sie solchen Artikel auflegen wollten, den sie*

selbst nicht hielten. Denn obwohl die Decretal setzen: Transsubstantiatis pane et vino in corpus Christi potestate divina, so sind sie doch bald hernach von dem Wort transsubstiantiatis gefallen, welchs ohne Zweifel von den Tölpeln Thomisten ist in die Kirchen kommen, wie alle gesagt, und noch Conversionem panis in corpus Christi, das ist, des Brods Wesen wird in den Leib Christi verwandelt, wie in mein Fleisch und Blut die Speise verwandelt wird...,, Der vollstandige Text: EA, Bd. 65, S. 129 ff.

66 Vgl. Killinger, a.a.O.

67 Weitere Belege zu Luthers Haltung in dieser Frage siehe Actio Sacramantalis und Usus und Actio.

68 Darin fühlte er sich wohl auch darin bestärkt, das die römische Confutatio das „vere adsint" der CA Art. X im Sinne der Transsubstantiationslehre verstand. (Bek. Schr., S. 64, Anm. 1), vgl. Graß, a. a. O., S. 137.

69 In der Wolfenbütteler Handschrift Cod. Guelf. 78 Helmst. handelt es sich offenbar um die Loci theologici von 1543.

70 *„Affirmo coram Deo et Eccl. me, [griech.:] to räton coenaeDomini iuxta piam et simplicem declarationem D. Lutherj fideliter amplectj et ab omnibus pugnantibus cum hac declaratione abhorrere ac in hac fide Deum invocare."*

71 *„Coena Domini est integra actio scilicet: sumptio panis et vini et recitatio formula a Christo Domino nostro sancita et ordinata, in qua non modo panis et vinum, sed etiam corpus et sangui Christi vere et substantialiter sumentibus exhibetur et credentibus simul donatur et applicantur remissio peccatorum et alia beneficia Christi in Euangelio promissa."*

72 Tom G.A. Hardt, Venerabilis et adorabilis Eucharistia, S.162.

73 vgl. WA 26, 462, Z. 3, vgl. 474, Z. 23 ff. - auch H. Graß, Die Abendmahlslehre bei Luther und Calvin, S. 125., a.a.O., S. 80.

74 vgl. WA 26, 462, Z. 3, vgl. 474, Z. 23 ff. - auch Hans Graß, Die Abendmahlslehre bei Luther und Calvin, S. 125.

75 Hardt, Venerabilis et adorabilis Euchariatia, ..., S. 153 : *„An den einfachen Glauben des Kirchenvolkes an das Wunder der Messe appelliert Luther und freut sich ungeteilt an dessen Einfalt, die von den gelehrten Distinktionen nur verstehen konnte, daß das, was sichtbar ist, Brot ist, und das, was nicht gesehen wird, der unter der Brotgestalt ruhende, anbetungswürdige Christus ist."* Hardt, Venerabilis et adorabilis Euchariatia, S. 141. und: *„Wenn Luther zum Schluß den Satz formuliert: „Denn es ist nu nicht*

mehr schlecht brod ym backofen, sondern fleischsbrod odder leibsbrod, das ist ein brod, so mit dem leibe Christi ein sacramentlich wesen und ein ding worden ist" bzw. „nicht mehr schlechter wein ym keller, sondern Blutswein"(WA 26, 445, 10 ff.), sind dies nicht allgemein emphatische Ausdrücke, um die Realpräsenz in Brot und Wein zu bezeichnen, sondern bewußte sprachliche Neubildungen, um zu bezeichnen, was die Elemente geworden sind. Diese neuen Wortbildungen entsprechen der neuen Einheit, die zustande gekommen ist: Leibbrot und Blutwein, die sichtbaren Dinge, die in Kraft von Jesu Wort nun unsichtbare Realitäten sind. Das Brot ist nicht nur eine Gestalt, eine Substanz oder eine Akzidenz, unter welcher sich die Menschheit Christi verbirgt: es ist der Leib Christi durch „Einbrödtunge" (WA 26, 434, 39.), und ein in Entsprechung zu „Inkarnation" gebildeter Ausdruck, den Luther ohne Scheu aus dem Invektiv der Gegner übernimmt. "

76 Stephan Kallweit, Reich und Reformation, S. 303.

Zu Kapitel 2 c:
Der Eislebener Pfarrerstreit

77 *„Inter miserias meas vltimae aetatitis, hoc additur, quod tu mi Simon, et dominus Fridericus, pastor ad S. Petrum in mea patria, mihi dolorem peperistis, ... "*

78 WA Bfw. X, Nr. 3894

79 Simon Wolferinus war beiden Reformatoren persönlich bekannt, da er seit dem Wintersemester 1529/30 bei Luther und Melanchthon studiert hatte und am 29. Januar 1534 in Wittenberg Magister geworden war. Seit 1540 war er Pfarrer an der Andreaskirche in Eisleben. (Siehe WA Bfw. X, Nr.3888.)

80 Vgl. Hans Martin Müller, Der alte Luther, in: „Der ganze Mensch"; Festschrift für Dietrich Rosler, 1997,

81 Das Quellenmaterial zu dieser Auseinandersetzung ist zusammengetragen in: WA Bfw. X, S. 336 ff und 347 ff., und Kawerau, Der Streit um die Reliquiae Sacramenti..., und CR VII, 876. - Siehe auch meine Darstellungen des Streites u.a. in Actio Sacramentalis, S. 39 ff. und Usus und Actio, 49 ff.

82 *„Furor ergo est, Rabiosa inuidia et inscitia prodigiosa sentire, quod Reliquum vel vini vel panis vel aqua post actum ipsum sint Sacramenta."* – Melanchthon hatte geschrieben: *„Et est merus furor, fingere, quod dictis verbis a consecrante sic immigret corpus Christi in panem, ut ibi semper manere cogatur, sicut infusum vinum in cantharum manet, nisi rursus effun-*

*datur... Quare ea, quae post communionem de pane et vino reliqua sunt...,
non sunt sacramenta, quia actio tota est sacramentum."*

83 Ein Geistlicher hatte bei der Feier des Heiligen Abendmahls *"die Reste
vom Blute Christi, wenn dieser Fall einträte, nicht aus Verachtung, sondern
ausdrücklich aus einfältigem und frommem Sinn ausgetrunken".* Dabei war
freilich lediglich von übrig bleibendem aus dem Kelch. Dies hatte man bei
einem von Vigelius veranstalteten Kolloquium zur Sprache gebracht.

84 Das Abzählen der Hostien entsprechend der Zahl der zu erwartenden
Kommunikanten ist vielfach bezeugt. Hierfür vgl. E. F. Peters, Origin and
Meaning ..., S. 317 ff. und 323 ff. - Weitere Beispiele finden sich in den Kir-
chenordnungen.

85 In der röm.--kath. Kirche setzte sich die häufige Kommunion erst seit
dem 19. Jahrhundert durch. Vergl. J. Diestelmann, Usus und Actio, S, 14.

86 Zur häufigen Kommunion siehe auch J. Diestelmann, Actio sacramentalis, S. 7 ff.

87 Luther schrieb z.B. 1529 im Großen Katechismus: *„...weil wir nun den
rechten Verstand und die Lehre von dem Sakrament haben, ist es wohl auch
eine Vermahnung und Reizung notwendig, daß man nicht lasse solchen
großen Schatz, so man täglich unter den Christen handelt und austeilt, um-
sonst vorübergehen; das ist, daß [die,] die Christen wollen sein, sich dazu
schicken, das hochwürdige Sakrament oft zu empfangen."* Auch in den Kirchenordnungen u.o. finden sich derartige Ermunterungen oder Anordnun-
gen. Vgl. hierzu u.a. J. Diestelmann, "Verkündigung des Evangeliums ... , S.
101.

88 Zur ablutio calicis siehe J. Diestelmann, Usus und Actio, Seite 48 ff.

89 Vgl. Nußbaum, a.a.O. - Luther beruft sich an der zitierten Stelle in *"Vom
Abendmahl Christi Bekenntnis"* **ausdrücklich** auf die Entscheidung des
Papstes Nikolaus gegen Berengar. Ebenso hebt Justus Jonas gegenüber
Wolferinus die Praxis hervor, die seit den Tagen der Kirchenvater Augustin,
Hieronymus und Polycarp in Übung war, der zu folgen sei: *"... Cur non imi-
taris religiosam et mirificam reuerentiam **omnium** ecclesiarum veterum
erga hoc sacramentum a temporibus Augustini, Hieronymi, imo Policarpi
aetate?"*

90 Luther: *"Vidi disputationes et literas... "* WA Bfw. 10, 3888, S.340.

91 Melanchthon war zu dieser Zeit nicht in Wittenberg, sondern wegen der
Kölner Reformation auf Reisen.

IX

92 *"Non nos a te, sed tu a nobis haud dubie habes, quod Sacramenta sint actiones, non stantes factiones."* "Factio" ist ein fester, gegebener Tatbestand, im Gegensatz zu actio als einer (in einer bestimmten Zeitdauer sich vollziehenden) Handlung, vgl. "factio testamenti" = "das Recht, ein Testament zu machen".

93 *"Sed quae est ista singularis tua temeritas, vt tam mala specie non abstineas, quam scire te oportuit esse scandalosam. nempe quod reliquum vini vel panis misces priori vino et pani"*

94 Dies wird durch den Brief an Fürst Georg von Anhalt, den Antonius Musa (Superintendent von Rochlitz) am 2. 8. 1544 schrieb, in dem es heißt: *"... Übrigens gab es die Eislebener Streitfrage vorher für mich nicht, sondern ich selbst stimme mit dem heiligsten Manne, Herrn Doctor Martin, überein, daß das, was nach der Kommunion vom Brot und Wein übrig ist, nicht auf die Erde geschüttet oder mit anderem, noch nicht konsekriertem Brot oder Wein vermischt werden darf, sondern entweder vom Ministrant, der selbst auch Kommunikant ist, oder von einem anderen Kommunikanten sumiert werde. Diese Gepflogenheit habe ich auch unter der Oberherrschaft des Kurfürsten in Jena immer eingehalten, und die ganze Universität Wittenberg war dessen nicht nur Zeuge, sondern hat es auch ausdrücklich gebilligt."* Kawerau, a.a.O., S. 300:

95 *"Quo exemplo facis? non vides certe quam periculosas questiones monebis, si tuo sensu abundans, contendens cessante Actione cessarecessare Sacramentum, Zuinglianum te forte vis audiri, et ego ipse te Zuinglia insania laborare credam, qui tam superbe, et contemptum irritas, cum tua singulari illa, et gloriosa sapientia. Non erat alia via, vt simplicibus et Adusersaijs non daretur suspicio, te esse contemptorem Sacramenti, quam ut mala specie offenderes reliquum Sacramenti miscendo et confundendo cum vino priore, Cur non imitaris Ecclesias alias?"*

96 Siehe unten S. XXX - Vgl. hierzu Julius Kostlin, Martin Luther. Sein Leben und seine Schriften, 2.Band, S. 576 ff.

97 Originaltext: *"Quare hortor, qui scis, aut scire debes, quomodo in Ecclesia sit ambulandum, vt cum domino Friderico redeas in gratiam, et vno corde sapiatis idem vno ore dicatis idem:Poteritis enim ita vt et nos hic facimus, reliquum Sacramenti cum communicantibus ebibere, et comedere, vt non sit necesse questiones istas scandalosas et periculosas movere, de cessatione Actionis Sacramentalis, in quibus tu suffocaberis, nisi resipisces, Nam hoc argumento tolles totum Sacramentum, nec habes quod respondebis calumniatoribus, qui dicent, inter agendum plus cessat Sacramentum,*

X

quam exercetur."

98 Otto Nußbaum *"Die Aufbewahrung der Eucharistie"* schreibt S. 27:
*"Wenn es auch nur vereinzelt zu einer mehr oder weniger entschiedenen
und grundsätzlichen Ablehnung der Aufbewahrung der Eucharistie kam, so
war man doch ganz allgemein bestrebt, die eucharistische Aufbewahrung
nach Möglichkeit zu vermeiden oder auf ein Mindestmaß zu beschränken.
Als man die eucharistische Speise nicht mehr den Gläubigen zur privaten
Aufbewahrung und zum häuslichen Genuß mitgab, mußte man irgendwie
Vorsorge treffen, daß entweder gar keine Reste übrig blieben oder zumindest nur sehr wenige. Seit dem 5./6. Jahrhundert werden daher konkrete Anweisungen gegeben, nur so viel zu konsekrieren, wie für die Kommunion
der Gläubigen wirklich erforderlich ist. In der folgenden Zeit wird dieses
Prinzip den hinzuwachsenden Gründen, die eine Aufbewahrung notwendig
machen oder voraussetzen, angepaßt und entsprechend modifiziert, bleibt
aber grundsätzlich bestehen. Gerade diese zusätzlichen Aufbewahrungs-
gründe, vor allem aber die immer stärker in Erscheinung tretende Diskre-
panz zwischen der Zahl der Teilnehmer an einer Eucharistiefeier und der
Zahl der Teilnehmer am heiligen Mahl, führen darüber hinaus auch zu konkreten Anweisungen für den Fall, daß trotz aller Vorsicht mehr vom eucharistischen Mahl übrig bleibt, als man nötig hatte. Dabei greift man nun wiederum gern auf das alttestamentliche Kultgesetz zurück."* Nußbaum führt
sogar einige Beispiele an, deren Argumentationsweise der Luthers stark äh-
nelt, obwohl nicht anzunehmen ist, daß Luther sie gekannt hat, so z.B.: *"Bereits Timotheus von Alexandrien sah sich vor die Frage gestellt, was denn
zu tun sei, wenn nach der Gläubigenkommunion noch etwas übrig ist, was
niemand mehr sumieren kann oder will. Darf man dann eine Aufbewahrung
bis zum folgenden Tage vornehmen? Timotheus weist in seiner Antwort
darauf hin, daß der Priester zunächst einmal dafür zu sorgen hat, daß
dieser Fall gar nicht erst eintritt ..."* Nußbaum, a.a.O., S. 27. - *"Im 12.
Jahrhundert betont Michael von Dimjat, daß die Kopten dem folgen, was
Gott in seinem Evangelium angeordnet hat und was die Propheten zum
Voraus geweissagt und die Väter gelehrt haben. In einer ausführlichen
Begründung weist Michael nicht nur auf das Vorbild des Paschamahles hin,
sondern beruft sich auch auf das Beispiel Christi und erklärt: «Auch unser
Herr und Erlöser (ließ nichts übrig von) dem Brote, das er segnete und
brach und seinen Jüngern gab in der Nacht, in welcher er sich freiwillig
zum Tode überlieferte ... Auch trug er nichts davon von einem Orte an einen
anderen. Unser Herr brach das Brot mehrmals, ohne etwas davon übrig zu
lassen und von einem Ort an einen anderen zu tragen.» Er kommt zu dem*

Ergebnis: «So ist also erwiesen, daß es nicht erlaubt ist, die Eucharistie aufzubewahren und von einem Ort an einen anderen zu übertragen.» Das gilt auch für die Hostie des Großen Donnerstages, die sich in nichts von der Hostie eines anderen Tages unterscheidet." Nußbaum, a.a.O., S.26.

99 Nußbaum, a.a.O., S. 30.

100 *"questiones istas scandalosas et periculosas"*

101 *"infinitos scrupulos conscientiarum et interminabiles quaestiones"*

102 Melanchthon an Vigelius, a.a.O., Sp. 877: *"Cessante usu sacramenti cesset quoque sacramentum."*

103 Vgl. E. F.Peters, Origin and Meaning ..., S. 227: *Melanchthon is clearly of the opinion that what is left over after the Mass is not the Body and Blood of Christ and that it can, therefore, be taken home and used for domestic purpose, just as ordinary bread and wine,.."*

104 Melanchthon an Vigelius, a.a.O., Sp. 877: *"Quare ea, quae post communionem de pane et vino reliqua sunt, quae non manducatur ab iis, quorum sit intentio, uti coena domini..."*

105 WA Bfw. 10, Nr. 3894, S.347 ff.

106 So nach der Formulierung bei Hachenburg.

107 *"Sane D. Philippus recte scripsit, Sacramentum nullum esse extra actionem sacramentalem; sed vos nimis praecipitanter et abrupte definitis actionem sacramentalem".*

108 *"Nam si stet illa et festinata praecisio actionis, sequetur, quod post prolationem verborum, quae est potissima et principalis actio in Sacramento, nullus percipiat corpus et sanguinem Christi, eo quod desierit actio."*

109 *"die vornehmste und mächtigste Aktion oder Handlung im Sakrament"*

110 Im Original lateinisch: *"... est ergo non tantum motus iste actionis instantis vel praesentis, sed tempus quoque, non mathematica, sed physica latitudine, hoc est, danda est mora actioni huic et mora in iusta latitudine, ut dicunt [griech.:] en platei.*

111 Original lateinisch: *"D. Philippus actionem sacramentalem definit relative ad extra, id est, contra inclusionem et circumgestationem Sacramenti, non dicidit eam intra se ipsam, nec definit contra se ipsam."*

112 Im Original lateinisch: *„Sic sentio, sic sentit et Philippus, hoc scio."*

113 In Melanchthons Stellungnahme an Vigelius (siehe S. 365) heißt es: *"Quare ea, quae post communionem de pane et vino reliqua sunt, quae non*

manducantur ab iis, quorum sit intentio, uti coena domini, non sunt sacramenta ... Sed propter imperitos et reverentiam consulo, ut reliquum in poculo ebibat ultimus communicans, vel unus vel plures. ..."

114 Im Original lateinisch: *"Quare curabitis, si quid reliquum fuerit Sacramenti, ut id accipiant vel aliqui communicantes vel ipse sacerdos et minister, non ut solus diaconus vel alius tantummodo bibat reliquum in calice, sed aliis det, qui et de corpore participati fuerint, ne videamini malo exemplo Sacramentum dividere aut actionem sacramentalem irrverenter tractare."*

115 Im Original lateinisch: *"Sic ergo definiemus tempus vel actionem sacramentalem, ut incipiat ab initio orationis dominicae, et duret donec omnes communicaverint, calicem ebiberint, particulas comederint, populus dimissus et ab altari discessum sit. Ita tuti et liberi erimus a scrupulis et scandalis quaestionum interminabilium."* Über die Frage, ob *„oratio Dominica"* sich hier auf das Vaterunser oder die Einsetzungsworte bezieht, siehe bei Hardt, Venerabilis ..., S. 255.

116 Hachenburg, Wider Irrtum ..., interpretiert das „relative ad extra" in Bezug auf das, *„was in die Monstranz gesetzt und in einer Prozession und im Kreuzgang (wie im Bapstumb geschieht) umgetragen wird."*

117 Auch Wolfgang Schwab, Entwicklung ..., S. 269 ff. u.ö. beschreibt die Bedeutung der Konsekration bei Luther in diesem Sinne richtig. Jedoch tritt bei ihm nicht ins Blickfeld, wie für Luther der Begriff der Konsekration an die actio sacramentalis gebunden ist.

118 *"Cessante usu sacramenti cesset quoque sacramentum."* Melanchthon an Vigelius, a.a.O., Sp. 877:

119 *Quare ea, quae post communionem de pane et vino reliqua sunt ..., non sunt sacramenta, quia actio tota est sacramentum"* CR VII, Nr. 5007.

120 Hardt, Tom G. A.: Venerabilis et adorabilis Eucharistia. Eine Studie über die lutherische Abendmahlslehre im 16. Jahrhundert. Göttingen 1988. S. 271

121 Hardt, a.a.O.: S. 272

122 Hachenburg, Johann, Wider den jrrthumb der newen zwinglianer / notige vnterrichtung / M. Johan Hachenburg / Pfarherr zu Erffurdt / zu S. Michael ... ANNO MDLII. Und: Hachenburg, Johann, Vom anbeten des Sacraments / Dazu vom vbrigen / vnnd niderfallen Sacrament / im Abendmal des HERREN Christi / Decalaration M. Joannis Hachenburg. Aus den Buchern des Ehr. D. Martin Lutheri seliger gedechtnus / fleissig vnd rein zusamen

getragen. (MDLXI).

123 „*Sic sentio, sic sentit et Philippus, hoc scio.*"

Zu Kapitel 2 d:
Die Kölner Reformation

124 Vgl. im Internet http://www.burg-runkel.de/.

125 Carl Schmidt, Melanchthon, S. 418.

126 „*Von Gottes genaden unser Hermans Ertzbischoffs zu Cöln ... einfaltigs Bedencken, warauff ein christliche, inn dem wort Gottes gegrünte Reformation, an Lehr, brauch der Heyligen Sacramenten und Ceremonien, Seelsorge, und anderem Kirchen dienst, biß auff eines freyen, christlichen, gemeinen, oder nationals Concilij ... verbesserung ... anzurichten seye.*"

127 Carl Schmidt, a.a. O.

128 „*De M. Philippo mihi nulla est omnino suspicio, neque de ullo nostrum. ...*" WA Bfw. Bd. 10, Nr. 3984, S. 556.

129 Brief an die Evangelischen in Venedig etc. vom 13. Juni 1543; WA/Br. 10, 331.

130 Am 23. Juni 1543 schrieb Luther an von Amsdorf: „*Nec vidi nec legi, Mi Reverende in Christo Episcope, Coloniensem reformationem, Etsi eam laudari. M. Philippus interrogaui, Qui dicit esse talem, vt verbi et sacramentorum legitimus et intellectus et vsus in Ecclesiis omnibus doceatur, remotis omnibus superstitionibus, ...*" WA Bfw. Bd. 10, Nr. 4007, S. 600.

131 Siehe CR V, Sp. 461 Anmerkung zum Brief Melanchthons an Veit Dietrich Nr. 3008. - Vgl. Neuser-Einheit, S. 26.

132 Scheible, Melanchthon, S. 159: „*... Allmählich nahm er die Rolle des Hüters der reinen Lehre an. Nachdem Luthers Streit mit Erasmus fast schon vergessen war, brachte er ihn 1534 wieder in Erinnerung, sehr zu Melanchthons Verdruß. Der Abendmahlskonkordie stand er ablehnend gegenüber. Am 14. September 1536 machte er Luther auf Lehrabweichungen Melanchthons aufmerksam ...*"

133 siehe oben, S. 18 ff.

134 = „*habe mich sogleich an das Lesen des Buches* [des Einfaltigen Bedenckens"] *gemacht.*"

135 WA Bfw. 10, Nr. 4015. - Vgl. dazu Mechthild Kohn, Martin Bucers Entwurf..., S. 124 ff. - ferner RE, Band IX, S. 481.

136 Neuser, Wilhelm H., Luther und Melanchthon - Einheit im Gegensatz ,

S. 26. - Vgl. auch Bernhard Lohse, Philipp Melanchthon in seinen Beziehungen zu Luther, S. 416: *„Zwar griff er Melanchthon selbst nicht an; aber es war deutlich, daß dieser von der Kritik mit betroffen war."*

137 Neuser, Wilhelm H., Luther und Melanchthon - Einheit im Gegensatz S. 25.

138 Bernhard Lohse, Philipp Melanchthon in seinen Beziehungen zu Luther, S. 416.

139 *"communicatio corporis et sanguinis Christi, quae nobis cum pane et vino exhibetur".* Ferner hies es: *„qui credens in promissionem Christi de pane hoc comedit et de calice bibit, et verbis his quae audit a Domino ac signis, quae accipit, firmiter credit, is vere et salutariter Christi carnem manducat et sanguinem ejus bibit, ipsum totum Deum ac hominem plenius in se percipit cum omni merito ejus et gratia" RE, Band IX, S. 481. (nach Seckendorf, Historia Lutheranismi p. 446).*

140 Hans-Joachim Neumann, Arzt an der Berliner Charité, hat in seinem Buch „Luthers Leiden, Die Krankheitsgeschichte des Reformators", Berlin 1995, auf Grund der überaus reichlich vorhandenen Quellen (eigene Äußerungen des Reformators und Zeugnisse anderer) alle Krankheiten und gesundheitlichen Beschwerden Luthers dargestellt. Er schreibt (S. 8:) *„Daß einige Veränderungen in Luthers Werk wie auch in seinem allgemeinen Verhalten eine Folge seiner Krankheiten waren, daß sie es zumindest in erheblichem Maße sein konnten - wer wollte das im Ernst bestreiten? Wie groß oder wie geringfügig aber war dieser Einfluß? Genau in der Beantwortung dieser Frage liegt die Problematik. Waren die Wandlungen in Luthers Verhalten ausschließlich krankheitsbedingt? Oder muß man nicht die theologischen und gesellschaftlichen Faktoren weit höher ansetzen? Floß am Ende nicht das eine in das andere? Die Antwort auf diese Fragen wird immer dort erleichtert, wo die Parallelität von Krankheitsausbrüchen und konkreten Entscheidungen Schlußfolgerungen zuläßt und wenn die Beweislage zudem überzeugend ist."*

141 a.a.O., S. 138.

142 Der Sommer 1544 geht bis auf Luthers Schwache und Müdigkeit ohne nennenswerte Krankheiten ins Land. - Vgl. Hans-Joachim Neumann. Luthers Leiden., S. 139: *„Also war 1544 für Martin Luther doch eher ein erträgliches Jahr."*

143 CR V, Nr. 3006, Sp. 459: *„Misit hoc Amsdorfius censuram Coloniensis reformationis acerbam, quae tamen Luthero mitis videtur, et classicum novi*

certaminis iam audivi. Si ceperit noster Pericles de ea re contumeliose dicere, discedam."

144 Scheible, Melanchthon, S. 165: *"Als Luther so zu dem Herrn Philipp nach seiner Vorlesung gesprochen hatte,» berichtete der Nürnberger Student Hieronymus Besold seinem Mentor Veit Dietrich, «mußte ich feststellen, daß er ziemlich erschüttert war.» Am 10. August predigte Luther über den Abendmahlstext 1. Korinther 10, und er arbeitete an einem Buch über das Abendmahl. Melanchthon hatte nicht die Freiheit, sich mit Luther offen auszusprechen, sondern meldete seine Sorgen und Befürchtungen seinen auswärtigen Freunden, namentlich Veit Dietrich in Nürnberg, Camerarius in Leipzig, aber auch Wolfgang Musculus in Augsburg, Bullinger in Zürich und sogar Bucer selbst. Bevor er mit Luther gesprochen hatte, sondierte er die Möglichkeit, eine andere Stelle anzunehmen."* - Vgl. CR V. Nr. 3009, Sp. 462.

145 Von Lykurgos von Athen, (* um 390 v. Chr. † 324 v. Chr.), einem Redner und Politiker im antiken Athen ist die 330 gehaltene Rede „*Gegen Leokrates* • erhalten, in der der nach Athen zurückgekehrte Leokrates angeklagt wird, seine Heimatstadt in der Stunde der Not verlassen zu haben und sein Tod gefordert wird. Wie wir aus Aischines' wenig später gehaltener Rede "*Gegen Ktesiphon"* wissen, wurde Leokrates mit nur einer Stimme Mehrheit freigesprochen. (nach Wikipedia)

146 „*Melanchthon dachte jetzt wieder daran, Wittenberg zu verlassen. Für den Fall, daß Luther ihn in seiner Schrift namentlich angreifen würde, hatte er dies fest vor."* so auch B. Lohse, a.a.O., S. 417.

147 Ebendort: „*Tandem dicit, de coena Domini non satis explicate dici."*

148 Ebendort: „*Scio in libro nihil esse errorum, verborum calumniae et logomaciai, caveri a nemine quamlibet cauto possunt."*

149 Ebendort. - Vgl. auch Neuser, Wilhelm H., Luther und Melanchthon - Einheit im Gegensatz, S. 36 zu CR V, 459.

150 Vgl. Köstlin Julius, Martin Luther..., S. 581.

151 Siehe oben, S. 30 ff.

Zu Kapitel 3:
a. Das Eingreifen des Kurfürsten und das „Kurze Bekenntnis"

152 Scheible, Melanchthon, S. 165: „*Am 10. August predigte Luther über den Abendmahlstext 1. Korinther 10, und er arbeitete an einem Buch über das Abendmahl. Melanchthon hatte nicht die Freiheit, sich mit Luther offen*

auszusprechen, sondern meldete seine Sorgen und Befürchtungen seinen auswärtigen Freunden, namentlich Veit Dietrich in Nürnberg, Camerarius in Leipzig, aber auch Wolf gang Musculus in Augsburg, Bullinger in Zürich und sogar Bucer selbst. Bevor er mit Luther gesprochen hatte, sondierte er die Möglichkeit, eine andere Stelle anzunehmen. ... Melanchthon fand die Antwort der Zürcher unklug und maßlos. Wenn aber Luther in seiner Empörung eine Verurteilung ihrer Lehre von ihm und auch den Straßburgern unterschreiben lassen wolle, dann halte er die Emigration wieder für möglich. Solche Äußerungen wurden von Bullinger, Ambrosius Blarer, Gervasius Schuler in Memmingen, Martin Frecht in Ulm, Paul Fagius in Straßburg und Joachim Vadian in St.Gallen kolportiert. "

153 Zum Folgenden siehe den Kommentar zu WA Bfw. 11, Nr. 4095 (Brief an Mörlin April 1545).

154 Der Form nach war die "Wittenberger Konkordie" eigentlich nur ein Referat seitens der Wittenberger über die Lehre der oberdeutschen Prediger (*"Wir haben gehört ..."* *"Sie bekennen ..."*), insofern diese sich also der Lehre Luthers anschließen, die als solche direkt vorausgesetzt wird. Melanchthon strebte eine Erweiterung durch die Schweizer Reformatoren an.

155 so Carl Schmidt, a.a. O., S. 430.

156 CR V, Nr,. 3051 – 15.Oktober 1544.

157 Siehe hierzu Th. Kolde, a.a. O., S. 544 f.

158 Vgl. den Kommentar zu WA Bfw. Nr. 4095.

159 Corp. Ref. V, 476

160 Vgl. J. Diestelmann, Usus und Actio, S. 37 ff.

161 Siehe oben, S.28 ff.

162 Hardt, Venerabilis, S. 158: „*Nikolaus von Amsdorf hatte Luther gesagt, daß dieser eine Schlange (Melanchthon!) an seinem Busen nähre, und es wurde übelgesinnt über Melanchthon gesprochen. Der Grund war genau diese Frage von der Synekdoche und dem 'panis est corpus'.* "

Zu Kapitel 3 d:
Die Zeit bis zum Tode Luthers

163 Schon die Veränderung des Textes in der Confessio Augustana Variata hatte Melanchthon jedenfalls so zu erklären gewußt.

164 Siehe oben S. 37.

165 Das Folgende nach Hans Gunter Leder, Luthers Beziehungen zu seinen

Wittenberger Freunden, in: Leben und Wirken Martin Luthers, S. 424 ff.

166 Scheible, Melanchthon, S. 159: *„Allmählich nahm er die Rolle des Hüters der reinen Lehre an. Nachdem Luthers Streit mit Erasmus fast schon vergessen war, brachte er ihn 1534 wieder in Erinnerung, sehr zu Melanchthons Verdruß. Der Abendmahlskonkordie stand er ablehnend gegenüber. Am 14. September 1536 machte er Luther auf Lehrabweichungen Melanchthons aufmerksam ...“*

167 Von den verschiedenen Lebensstationen von Amsdorfs sei an dieser Stelle nur erwähnt, daß Luther ihn am 20. Januar 1542 in Naumburg unter Assistenz der Superintendenten von Naumburg, Altenburg und Weißenfels zum Bischof weihte.

168 Leder, a.a.O., S. 427.

169 *„Seit der Mitte der dreißiger Jahre sind beide anscheinend wiederholt von der Befürchtung zutiefst beunruhigt worden, der andere könne vor ihm durch den Tod von seiner Seite gerissen werden. So schrieb Luther an von Amsdorf im November 1538: 'Ich bete sehr, daß der Herr Dich mir nicht entreißt. Wieviel besser würde es für mich sein, wenn ich vor Dir in diesem Elend der Kirche hinweggerafft würde, als daß ich nach Deinem Tode als der Allerelendste einsam zurückbliebe, der ich aus Mangel an Kräften und vor Altersschwäche nichts mehr zu leisten vermag.' Schöner und aussagekräftiger als durch diese wechselseitige Bezeugung ihrer Unentbehrlichkeit füreinander kann diese große und tiefe theologisch wie menschlich fest gegründete Gemeinschaft zwischen ihnen wohl kaum abschließend charakterisiert werden.“* Leder. a.a.O.

170 Brief Luthers an von Amsdorf vom 7 August 1544 WA Bfw. XI, Nr. 4018.

171 Siehe oben, S. 25 ff.

172 ebendort.

173 vgl. Rudolf Hermann, Zur Kirchengeschichte der Diözese Weida im 16. Jahrhundert, in: Beitrage zur Thüringischen Kirchengeschichte, hgg. i.A. d. Ges. f. Thüring. KG. e.V., Band III, 1933 bis 1935, S. 326 ff.

174 So der Titel einer diesbezüglichen Tischrede: WA Tischreden 6, Nr. 6771, S. 179.

175 Vgl. "Konsekration", S. 32 u. 80.

176 *"Primus Non est negligentia, Sed nequitia Eaque insignis istius Diaconi, Qui contemptor Dei et hominum ausus est hostias consecratas ac non*

consecratas pro eodem habere. Ideo simpliciter est ejiciendus extra nostras Ecclesias. Vadat ad suos Zuinglianos. Non est opus, ut carcere teneatur homo alienus a nobis, cui nihil etiam Juranti credendum est."

177 Hierzu verfaßte mein Urgroßvater **Theodor Erdmann Diestelmann** folgende Schrift: „*Die letzte Unterredung Luther's mit Melanchthon über den Abendmahlsstreit, nach geschichtlichen Zeugnissen und den darüber ergangenen Urtheilen, sowie mit Rücksicht auf Luther's ganze Stellung im Abendmahlsstreit", Göttingen:* Vandenhoeck & Ruprecht, 1874. Gegenstand dieser Untersuchung ist die sog. „Heidelberger Landlüge": Nach Melanchthons Tod wurde die Behauptung verbreitet, Luther habe kurz vor seinem Tode, bevor er nach Eisleben reiste, Melanchthon zu einer „*letzten Unterredung"* zu sich gerufen. Dabei habe Luther gesagt: *«Lieber Philipp, ich muss bekennen, der Sache vom Abendmahl ist viel zu viel getan.»* Melanchthons Antwort sei gewesen: *«Herr Doktor, so laßt uns eine Schrift stellen, darin die Sache gelindert werde, daß die Wahrheit bleibe und die Kirchen wieder einträchtig werden.»*

Mein Urgroßvater Theodor Erdmann Diestelmann hat mit dieser Schrift, für die er sogar den Ehrendoktortitel der Universität Jena verliehen bekam, den (vergeblichen) Versuch gemacht, die Historizität der „Heidelberger Landlüge" nachzuweisen. Die Methode, die er dabei anwandte, war, daß er allen Überlieferungen, die sie berichten, nachging. Der ungeheure Fleiß, mit dem er sich darum bemüht, steht verständlicher Weise in keinem Verhältnis zu dem Ergebnis. Trotzdem loste es weitere literarische Veröffentlichungen zum Thema aus, zum Beispiel: Johannes Hausleiter, Die geschichtliche Grundlage der letzten Unterredung Luthers und Melanchthons über den Abendmahlsstreit (1546), in: Neue kirchliche Zeitschrift, IX. Jahrgang, 1898, S. 831 ff., und: Derselbe, Weitere Mitteilungen zur letzten Unterredung Luthers und Melanchthons über den Abendmahlsstreit (1546), Neue kirchliche Zeitschrift, X. Jahrgang, 1899, S. 455 ff. - Bereits 1875 erschien in der Jenaer Literaturzeitung, Nr. 50, eine Rezension zur Schrift meines Urgroßvaters, in der es u.a. heißt: „*... Im letzten Abschnitt ist der Schluss, dass Luther , weil er selbst so viele Schwankungen seiner Abendmahlslehre durchgemacht habe, bis zur Feststellung derselben, 1528, auch später seine Ansicht könne geändert haben, durchaus unbegründet ..."*

Zu Kapitel 3 e:
Aussöhnung?

178 Lohse, a.a.O, S. 417.- Dazu Anm. bei Lohse: CR 5, 498 f (3049) / MBW 4, (3705), Melanchthon an Friedrich Myconius am 10. Oktober ~ 1544: mit Bemerkung bei NLM, 32, Anm. 65.

179 CR 5, 498 f.

180 „*Ego Luthero dixi, me semper defendisse synecdochen, cum panis et vi-*

num sumantur adesse Christum vere et nos sibi membra facere, nec extra usum ritus ullos habere sacramenti rationem. Arbitror ei satisfactum. Sed si intelligam, non esse satisfactum de migratione mihi cogitandum erit," CR. 5, 498 f.

181 Heinz Scheible, Aufsätze zu Melanchthon, Tübingen 2010: Melanchthon als theologischer Gesprächspartner Luthers.

182 Scheible, Melanchthon, S. 166.

183 WA Bfw. XI, Nr. 4210: *"S. D. Reverende D. Doctor et charissime pater! Gratias vobis ago quod toties tamque amanter ad nos scripsistis."*

Zu Kapitel 4 und 5:

184 Joachim Mörlin war in Wittenberg (1514 - 1571) war 1539/40 „Kaplan Luthers" und blieb lebenslang ein treuer Lutherschüler. Vgl. J. Diestelmann, Joachim Mörlin, Neuendettelsau 2003.

185 Die Gnesiolutheraner nannten sich selbst nur Lutheraner. Die Bezeichnung „Gnesiolutheraner" (= „echte Lutheraner") von dem griechische Adjektiv γνήσιος (= gnesios = echt).

186 Es gab außerdem noch den Adiaphoristischen Streit, den Majoristischen Streit, den Antinomistischen Streit, den Synergistischen Streit und den Osiandrischen Streit.

187 = Raserei der Theologen.

188 In der Nachschrift von Harnacks Vorlesung über Symbolik aus dem Wintersemester 1890/91 (In der Bibliothek der Theologischen Fakultät Halle Signatur: Sc 37, §47).

189 So nach dem Buchtitel „Zwei Reformationen – Luther und Calvin" von Heiko A. Oberman.

190 Das Konkordienbuch erschien am 25. Juni 1580 in Dresden als vollständige Sammlung der sogenannten symbolischen Bücher der lutherischen Kirche in deutscher Sprache. In diesem Sinne kann es auch als *Kanon* oder *Corpus doctrinae* der lutherischen Kirche bezeichnet werden. Es enthält die drei altkirchlichen Symbole die (unveränderte) Augsburgische Konfession und deren Apologie, die Schmalkaldischen Artikel, den Kleinen und den Großen Katechismus und die Konkordienformel (Epitome und Solida declaratio).

191 Erforscht sind in dieser Hinsicht in erster Linie die beiden Hochburgen des Luthertums Leipzig und Dresden in den Dissertationen: Gunther Stiller, Johann Sebastian und das gottesdienstliche Leben seiner Zeit, Berlin 1976.

Und: Eberhard Schmidt, Der Gottesdienst am kurfürstlichen Hofe zu Dresden, Berlin 1961.

192 Ernst Strasser, Der lutherische Abendmahlsgottesdienst, in: Vom Sakrament des Altars, hgg. Hermann Sasse, 1941, S. 197.

193 Vgl. den Titel der Festschrift zum 400. Geburtstag von Martin Chemnitz: „Der zweite Martin der Lutherischen Kirche", Braunschweig 1986.

194 mit seinem Werk „Examen Concilii Tridentini".

195 Einige sind in dieser Broschüre wiedergegeben.

196 So der Buchtitel des Werkes von Paul Graff, in dem dies akribisch (wenn auch nicht vollständig) beschrieben ist.

197 Hardt, Tom G.A., Venerabilis et adorabilis Eucharistia. Eine Studie über die lutherische Abendmahlslehre im 16. Jahrhundert, Forschungen zur Kirchen- und Dogmengeschichte, Band 42, Göttingen 1988. *(= Deutsche Übersetzung des schwedischen Originals: Hardt, Tom G.A., Venerabilis et adorabilis Eucharistia. En Studie i den lutherska Nattvardsläran under 1500-talet. Acta Universitatis Uppsaliensis, Studia Doctrinae Christianae Upsaliensia 9, Uppsala 1971.)*

198 Siehe Anm. 61. - Vgl. Hardt, Venerabilis …, S. 6 u. o. - Joseh Lortz: *„Direkt berufen auf Ockham beziehungsweise seinen Schüler Pierre d'Ailly hat Luther sich bei der Ablehnung der Transsubstantiation in De capitivitate (WA 6, 508). Abhängig von ihm ist er in der Ubiquitätslehre und in seinem mangelnden Verständnis für eine eigentümlich sakramentale Daseinsweise im Gegensatz zur empirisch-historischen."* in: Luthers Stellung in der theologischen Tradition, in: Wandlungen des Lutherbildes (Studien und Berichte der Katholischen Akademie in Bayern, Würzburg 1966), 15-47

199 *"Quo exemplo facis? non vides certe quam periculosas questiones monebis, si tuo sendu abundans, contendens cessante Actione cessare Sacramentum, Zuinglianum te forte vis audiri, et ego ipse te Zuinglia insania laborare credam, qui tam superbe, et contemptum irritas, cum tua singulari illa, et gloriosa sapientia. Non erat alia via, vt simplicibus et Adusersaijs non daretur suspicio, te esse contemptorem Sacramenti, quam ut mala specie offenderes reliquum Sacramenti miscendo et confundendo cum vino priore, Cur non imitaris Ecclesias alias?"*

200 Vgl. Heinz Schilling, Martin Luther, S. 620: *„Wenn Luther auch mit seinem ursprünglichen Konzept einer universellen Reformation von Kirche und Welt gescheitert ist, …"*

Der Verfasser
Jürgen Diestelmann,
Jahrgang 1928.
Bis 1991 Pfarrer der Kirchengemeinde
St. Ulrici-Brüdern
in Braunschweig

Die wissenschaftlichen Belege für die in diesem Buche dargelegten kirchen- und liturgiegeschichtlichen Details finden sich u.a. in folgenden Büchern:

Jürgen Diestelmann
USUS und ACIO - Das Heilige Abendmahl
bei Luther und Melanchthon
354 S. Hardcover - Preis: 35.- €
Pro BUSINESS Verlag; Berlin 2007 - ISBN: 978-3-86805-032-5

Jürgen Diestelmann
ACTIO SACRAMENTALIS
Die Verwaltung des Heiligen Abendmahles
nach den Prinzipien Martin Luthers
in der Zeit bis zur Konkordienformel.
Mit einem Quellenanhang und mehreren Registern
436 Seiten, Gross-Oesingen, 1996. 436 S.
Im Buchhandel vergriffen – gelegentlich in Antiquariaten

Hardt, Tom G. A.:
VENERABILIS ET ADORABILIS EUCHARISTIA.
Eine Studie über die lutherische Abendmahlslehre im 16.
Jahrhundert.
Hgg. von J. Diestelmann. Aus dem Schwedischen übersetzt von
Susanne Diestelmann.
Göttingen: Vandenhoeck & Ruprecht 1988, 355 S.
Im Buchhandel vergriffen – gelegentlich in Antiquariaten
(in Vorbereitung:) Text auch auf CD - Näheres über info@luther-in-bs.de

---

Jürgen Diestelmann
Joachim Mörlin - Luthers Kaplan - "Papst der
Lutheraner".
Ein Zeit- und Lebensbild aus dem 16. Jahrhundert
Freimund-Verlag Neuendettelsau/Mfr. 2003..
395 Seiten. 82 Abb. - EUR 33,20 - ISBN 3 7726 0236 3

Günther Stiller,
Johann Sebastian Bach und das Leipziger
gottesdienstliche Leben seiner Zeit
Evangelische Verlagsanstalt Berlin 970,
260 Seiten
Im Buchhandel vergriffen – gelegentlich in Antiquariaten

Jürgen Diestelmann
Einladung zu Wort und Sakrament
Fünf Kapitel über die lutherische Messe
Pro BUSINESS Verlag; Berlin - ISBN: 978-3-86386-196-
130 S. - Preis: 15,00 Euro
zahlreiche, teils farbige historische Bilddokumentationen

Jürgen Diestelmann
Am Grabe Luthers
Nachdenkliche und kritische Gedanken zum Reformationsjubiläum 2017
Pro BUSINESS GmbH Berlin 2013 – ISBN 978-3-86386-433-0
Preis 8,00 €

Jürgen Diestelmann
Verkündigung des Evangeliums und Volksfrömmigkeit in der
Braunschweiger Kirchenordnung von 1528,
Auszug aus der Festschrift „Die Reformation in der Stadt Braunschweig
1528-1978, 1978.
Sonderdruck erhältlich – Näheres über info@luther-in-bs.de

Jürgen Diestelmann (Hg.)
"NUR WEIN!"
Theologische Beiträge und Dokumente zur stiftungsgemäßen
Verwendung von Wein beim Hl. Abendmahl im Lichte des
"liquoristischen Streites" im 16. Jahrhundert und moderner Seelsorge
an Alkoholkranken
Sonderdruck erhältlich – Näheres über info@luther-in-bs.de

Zum Thema „Reformationsgedenken 2017" sei auch
auf folgendes inzwischen erschienenes Buch
hingewiesen:

„**Vom Konflikt zur Gemeinschaft**" - Gemeinsames
lutherisch-katholisches Reformationsgedenken im Jahr
2017. - Bericht der lutherisch/römisch-katholischen
Kommission für die Einheit. - Evangelische
Verlagsanstalt Leipzig und Bonifatius GmbH Paderborn,
2013. - ISBN 978-3-374-03418-5

Der Mörlin-Verein e.V.

Der Mörlin-Verein e.V. wurde gegründet, um lutherischen Christen (und anderen Interessierten) Liturgie und Lehre der Kirche nahezubringen und geistliches Leben im Sinne des evang.-luth. Bekenntnisses (Konkordienbuch) zu vertiefen.

Die „Tage der Besinnung" auf Schloß Mansfeld sind seit 2003 jedes Jahr ein Höhepunkt dieser Arbeit. Sie finden jeweils in der Woche nach dem Trinitatis-Sonntag statt. In dieser Woche liegt auch das Fronleichnamsfest, das im lutherischen Sinne begangen wird (d.h. als Lob und Dankfest). Im Mittelpunkt dieses zu Ehren des allerheiligsten Altarsakramentes eingesetzten Festes steht daher eine feierliche Messe (ohne Sakramentsprozession). Daneben werden in

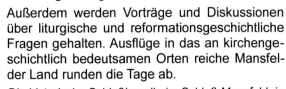

der altehrwürdigen Schloßkapelle die täglichen Stundengebete gehalten.

Außerdem werden Vorträge und Diskussionen über liturgische und reformationsgeschichtliche Fragen gehalten. Ausflüge in das an kirchengeschichtlich bedeutsamen Orten reiche Mansfelder Land runden die Tage ab.

Die historische Schloßkapelle im Schloß Mansfeld, in der bei den „Tagen der Besinnung" des Mörlin-Vereins die Gottesdienste (Messen und Stundengebete) gehalten werden. Hier predigte einst auch Martin Luther.

Warum der Name Mörlin-Verein?

Joachim Mörlin war von 1553 bis 1567 Stadtsuperintendent in Braunschweig. Unter ihm erlebte die Kirche in Braunschweig einen großen religiösen Aufschwung. Nachdem er bei Martin Luther in Wittenberg studiert hatte, wirkte er als treuer Schüler des Reformators sein Leben lang für die Förderung, Bewahrung und einerhaltung von Verkündigung, Liturgie und

Leben der Kirche, vor allem im norddeuschen Raum. Er war einer der bedeutendsten Theologen seiner Zeit. Sein jüngerer Freund und Nachfolger Martin Chemnitz übertraf ihn darin noch.

Sein kirchliches Wirken ist in unserer Zeit Vorbild und Verpflichtung.

Auskünfte: Pfarrer Frank-Georg Gozdek, Alter Zeughof 3, 38110 Braunschweig. (*bruedern@luther-in-bs.de*)

Jürgen Diestelmann

Usus und Actio

Das Heilige Abendmahl bei Luther
und Melanchthon

Preis: 35,00 Euro

1. Auflage 2007
354 S. Hardcover, ca. 130 mm x 200 mm

ISBN: 978-3-86805-032-5

Das Verhältnis der beiden großen Wittenberger Theologen war keineswegs immer ungetrübt, insbesondere in Bezug auf das Heilige Abendmahl. Melanchthon distanzierte sich je länger je mehr von der Realpräsenz, wie Luther sie vertrat. Dies wurde zum Beispiel an der Textänderung der Confessio Augustana Variata, bei den Verhandlungen zur Wittenberger Konkordie und Melanchthons Haltung bei der Ausarbeitung der Kölner Reformationsordnung deutlich ...

Jürgen Diestelmann

Einladung zu Wort und Sakrament

Fünf Kapitel über die lutherische Messe

Preis: 15,00 Euro

1. Auflage 2012
130 S. Taschenbuch, ca. 148 mm x 210 mm

ISBN: 978-3-86386-196-4

Mit diesem Buch richtet sich der Verfasser nicht an die Fachtheologen, sondern an theologisch interessierte Nichttheologen. Zu den überraschenden Feststellungen des Verfassers gehört: Luther hat die Messe nicht abgeschafft. Sein Ideal war nicht der „schlichte Predigtgottesdienst", sondern die mit viel Musik und Zeremonien ausgestattete Messe, in der das Evangelium gepredigt wurde ...

Jürgen Diestelmann

Am Grabe Luthers

Nachdenkliche und kritische Gedanken
zum Reformationsjubiläum 2017

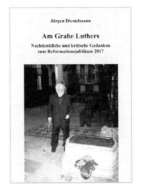

Preis: 8,00 Euro

1. Auflage 2013
50 S. Taschenbuch, ca. 148 mm x 210 mm

ISBN: 978-3-86386-433-0

Am Grabe Luthers stehend gehen dem Verfasser, der sich lebenslang mit der Person und dem Leben des Reformators – insbesondere mit dessen Abendmahlsglauben – befasst hat, mancherlei Gedanken durch den Kopf: Zunächst natürlich die große Bedeutung Luthers als historische Persönlichkeit in der Geschichte der abendländischen Kirche. Aber auch manche persönlichen – sonst wenig bekannten – Erlebnisse und Erfahrungen des Reformators in seinen letzten Lebensjahren. Dies alles führt ihn zu manchen kritischen Fragen an die heutige Kirche ...

Zu bestellen unter **www.book-on-demand.de**